我爱灿烂的五千年

了解一方文明从一座博物馆开始

文物没有呼吸
却有不朽的灵魂和生命
穿越千年与我们相逢

一本博物馆
全国博物馆通识系列

湖北省博物馆

湖北省博物馆 编著

四川人民出版社

图书在版编目（CIP）数据

湖北省博物馆 / 湖北省博物馆编著 . -- 成都：四川人民出版社，2023.8（2024.10 重印）
（全国博物馆通识系列 . 一本博物馆）
ISBN 978-7-220-13404-3

Ⅰ．①湖… Ⅱ．①湖… Ⅲ．①博物馆—概况—湖北 Ⅳ．① G269.276.3

中国国家版本馆 CIP 数据核字 (2023) 第 149004 号

HUBEISHENG BOWUGUAN
湖北省博物馆

湖北省博物馆 编著

出 版 人	黄立新
选题策划	北京增艳锦添
统筹编辑	蒋科兰　李天果
责任编辑	李昊原　孙　茜
特约编辑	李天果　温　浩
特约校对	陈　静
责任印制	周　奇
装帧设计	北京增艳锦添　沈璜斌
出版发行	四川人民出版社 (成都市锦江区三色路 238 号)
网　　址	http://www.scpph.com
E-mail	scrmcbs@sina.com
新浪微博	@ 四川人民出版社
微信公众号	四川人民出版社
发行部业务电话	（028）86361653 86361656
防盗版举报电话	（028）86361661
照　　排	四川胜翔数码印务设计有限公司
印　　刷	成都市东辰印艺科技有限公司
成品尺寸	155mm×220mm
印　　张	20
字　　数	240 千
版　　次	2023 年 8 月第 1 版
印　　次	2024 年 10 月第 3 次印刷
书　　号	ISBN 978-7-220-13404-3
定　　价	99.00 元

■版权所有·侵权必究
本书若出现印装质量问题，请与我社发行部联系调换
电话：（028）86361653

《一本博物馆 湖北省博物馆》
顾问及编写委员会

总 顾 问　张晓云
顾　　问　王先福　何　广
主　　编　万全文　曹增艳
副 主 编　曾　攀（执行）　王　亮　温　浩
编委成员　殷莲莲　席翠翠　赵海燕
　　　　　岳娜娜　李天果　翁玲玲

插画设计　闵宇璠　赵　静　武雪莹
平面设计　孙　博　赵海燕
设计指导　刘晓霓
诗文撰稿　曹增艳　张富遐
书　　法　张其亮

选题策划　北京增艳锦添企业形象策划有限公司
　　　　　潍坊增艳企划发展有限公司
资料来源　湖北省博物馆

前言

为什么出版"一本博物馆"系列图书？我们曾经反复追问自己，试图把这个问题表述清楚。

你是否有过这样的经历？每到一个地方，因为慕名而来，也因为带着一份好奇和对文化的膜拜，一定要参观一次当地的博物馆。于是，花费一两个小时，走马观花，耳目中塞满了没有任何基础铺垫的知识，看过博物馆只能说出其中几件知名度极高的藏品。绝大多数的观众穿越千山万水，可能一生中仅有一次机会与这些承载几千年历史的古物相见，而这一次起到的作用仅仅是"有助谈资"，对博物馆里真正的宝藏，仅算瞥了一眼。

大家需要"一本博物馆"

博物馆不是普通旅游景点，其中陈列着数以万计的文物，背后藏着丰富的文化内容。如果参观博物馆前不认真准备一番，只是匆匆走过，难免像看了一堆陈旧物品的"文化邮差"。参观博物馆前预习，参观时看到文物才会与它似曾相识；参观博物馆后温习，回味给自己留下深刻印象的内容和文化脉络，如此，才算基本了解一座博物馆。

博物馆里有一锅"文化粥"

如果说，考古是人类文明的"第一现场"，那么，博物馆则是"第二现场"，从发掘转向了收藏和展示。在博物馆中，人类文明被高度浓缩，大众得以与历史直面。

美国盲人作家海伦·凯勒曾在《假如给我三天光明》一书中写道，如果拥有三天光明，她会选择一天去博物馆："这一天，我将向过去和现在的世界匆忙瞥一眼。我想看看人类进步的奇观，那变化无穷的万古千年，这么多的年代，怎么能被压缩成一天呢？当然是通过博物馆。"

博物馆有多种类型：综合的、历史的、自然的、艺术的、科技的、特殊类型的，等等。博物馆里有百科，是一锅熬了千百年、包罗万象并经过系统整理、直观呈现人类文明的"文化粥"。

文物是眼见为实的历史

文物是眼见为实的历史，即使是学者们对此解读有争议，起码也是在实证的基础上进行的。如此，我们便更能了解历史的原貌，这是对历史的尊重。

文物是形象化的记忆

事物容易被记住往往首先是因为它有趣的形式。千言万语不及一张图。有学者推算，我们一般人"记忆中的语言信息量和形象信息量的比率为1∶1000"。文物正是因其有趣的形式、直观的形象，比文字记录更让人印象深刻。

文化是民族的血脉和灵魂

文化是民族的血脉和灵魂。一个国家、一个民族、一个家族、一个人的自信不仅缘于有多少财富、多大权力，还缘于其深厚的文化底蕴。好比我们以自己的家世为荣，有一天，拿着母亲的照片对别人说："这是我母亲年轻的时候，她也曾经风华绝代呢。"

如上缘起，博物馆专家团队与北京增艳锦添，联合出版"一本博物馆"系列丛书，根据每个博物馆展览陈列的线索，尽可能多地选取每个展厅中的文物，将翔实的内容、严谨的知识用通俗的语言表达出来，以有趣的形式呈现。我们的目的只有一个：大家拿着"一本博物馆"，走进一座博物馆，爱上连绵不断的中华五千年文明。

序

《一本博物馆·湖北省博物馆》文物通识读本，由湖北省博物馆和北京增艳锦添联合打造。这是我馆在2021年新馆开放以后，第一本全面介绍湖北省博物馆基本陈列的出版物。

湖北省博物馆新馆，现有"曾侯乙""越王勾践剑""曾世家——考古揭秘的曾国""楚国八百年""梁庄王珍藏——郑和时代的瑰宝""天籁——湖北出土的早期乐器"6个基本陈列。如评审专家所言：湖北省博物馆展览主题和布局合理，较好展示了湖北省博物馆的丰富馆藏，全面呈现了考古发掘成果，凸显了湖北历史文化的特点，做到了区域博物馆和专题博物馆的统一。2021年，湖北省博物馆新馆基本陈列入选由国家文物局指导，中国博物馆协会、中国文物报社主办的第十九届全国博物馆十大陈列展览精品陈列。

近年来，打卡博物馆已成时尚。据新华社统计，2023年以来，携程平台预订量最高的景区类目中，博物馆展览馆已超过动物园、主题公园，跃升至第一；从博物馆展览馆的门票订单占比看出，每10个预订景区门票的游客中，就有超过1位预约了文博游。湖北省博物馆门票预约统计数据也支持了这一点：我们的门票，特别是节假日期间的门票每天爆满，观众一票难求；2021年至今，我馆30岁以下的观众占比达60%以上，其中18岁至24岁的观众占比39.96%，远超其他年龄段的参观者。从这个层面说，湖北省博物馆出版一本适合普通观众特别是年轻人阅读的通识读本，尤为必要。

《一本博物馆·湖北省博物馆》是一本充满文学色彩的通俗读物。本书有别于考古报告的专业、晦涩，也有别于展陈大纲的全面、细致。书的内容，虽以考古材料为根本，以展陈大纲为依托，但又恰到好处地做了技术处理；书中既阐述了每件文物的特点，又把专业表述做了通俗易懂的翻译。更加难能可贵的是，书中每一件（组）文物，都用诗句进行了描述，高度概括这件文物的基本特征；书中除了实拍的文物图片外，还有生动形象的配图和彩绘。这些，都是年轻人喜闻乐见的表达方式，可见编撰者的良苦用心。

《一本博物馆·湖北省博物馆》的出版，可以让观众把展厅里匆匆浏览的记忆都带回家。通过这本书，大家可以穿越时空隧道，听到童年歌声，看到记忆碎片，想到人生悲喜，当然，还有湖北省博物馆一如既往的真诚。

藏品流传百世不朽，文脉传承弦歌不绝。源远流长的中华文明，镌刻在所有中国人的骨子里。博物馆和观众的故事，一直在挖掘，不断在讲述，经常在遇见。我相信，我们谁也不会选择主动离开。

张晓云

湖北省博物馆馆长
2023年5月18日

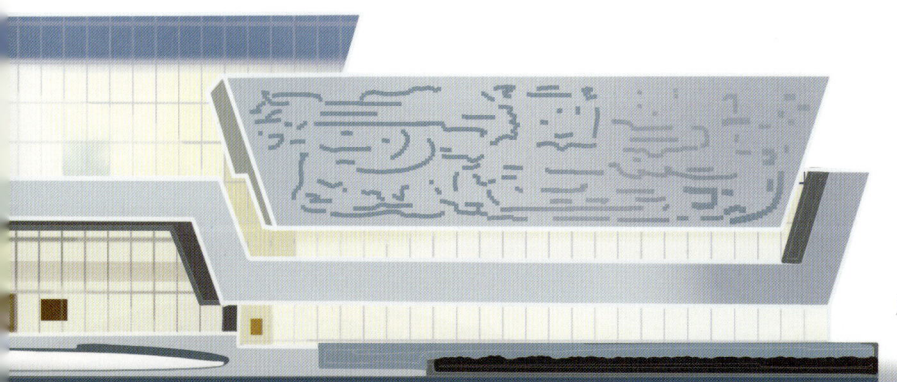

目录

了解湖北省博物馆
湖北省博物馆南主馆平面示意图 / 002
湖北省博物馆简介 / 004

曾侯乙
曾侯乙墓概况

第一单元 敬天崇祖
牺牲与粢盛
铜九鼎八簋 /014
铜匕 /016
牛形钮盖鼎 /016
铜镬鼎 / 鼎钩 / 长柄匕 /017
铜簠 /018
铜盖豆 /019
铜甗 /020
鼎形器 /021
小铜鬲 / 铜匕 /021
铜炭炉 / 铜箕 / 铜漏铲 /022

酒醴
铜鉴缶 /024
铜过滤器 /024

铜联禁大壶 /026
大铜尊缶 /027
铜提链壶 /028
铜尊盘 /029

盥洗
铜提链圆鉴 /030
铸镶红铜纹饰盥缶 /031
铜长柄斗 /032
大铜匜鼎 /032
三足铜匜 / 鸟喙形器 /033
铜盘 / 铜匜 /033

第二单元 金声玉振
燕乐
曾侯乙编钟 /036
彩漆撞钟木棒 /039
彩漆敲钟木槌 /039
彩漆竹篪 /040
彩漆排箫 /040
彩漆笙笙苗 / 彩漆笙笙斗 /041
楚王熊章镈 /042

曾侯乙编磬 /043
建鼓铜座 /044
彩漆瑟 /046

房中乐
彩漆木雕梅花鹿 /048
彩漆五弦器 /049
素漆十弦琴 /049

第三单元 所尚若陈
后妃女乐
彩漆木雕鸳鸯形盒 /050

十六节龙凤玉挂饰 /063

玉剑 /064

玉首铜刀 /064

蜻蜓眼玻璃珠一组 /065

第四单元 民祀唯房

《二十八宿图》衣箱 /067

《弋射图》衣箱 /068

肆筵设席

铜炉盘 /051

金盏／金漏匕 /052

金杯 /052

彩漆木雕龙凤纹盖豆 /054

透雕漆禁 /055

龙纹铜镇 /056

金镇 /056

铜熏 /057

镂空铜熏 /057

浮雕兽面纹漆木案 /058

素漆耳杯 /059

兽形钮盖鼎／铜盒 /059

佩饰琼瑶

鹅首形涡纹玉带钩 /060

金带钩 /060

谷纹玉璜 /061

云纹玉璜 /061

透雕龙纹玉璜 /061

金缕玉璜 /061

四节龙凤玉佩 /062

第五单元 车马仪仗

车马器

马衔／马镳 /071

多棱形铜车䡇 /072

矛状铜车䡇 /073

兵器

曾侯乙之走戈 /074

曾侯郹乍持铜戈 /074

长柲三戈戟 /075

错金曾侯乙之用戟 /076

"曾"字徽记三戈戟 /076
长柄铜矛 /077
曾侯郕之用殳 /078
铜镞 /079

第六单元 永持用享

墨书竹简 /081
玉首铜削刀 /081
云纹玉璧 /082
玉握 /082
玉琀 /082
主棺外棺 /083
主棺内棺 /084
铜鹿角立鹤 /085

越王勾践剑

第一单元 惊世发现

墓葬情况
随葬器物
剑主考证

第二单元 剑中王者

百兵之君
吴越之剑
姑发𦄂反剑 / 094
吴王光剑 /095
越王州勾剑 /095
越王者旨於睗剑 /095
精湛工艺

第三单元 入楚之谜

越国春秋
越王勾践
越王勾践剑 /099

曾世家

第一单元 曾随之谜：擂鼓墩

曾仲斿父铜壶 /105
窃曲纹铜鼎 /105
曾仲斿父铜铺 /106
龙纹铜方甗 /106
垂鳞纹铜盘／瓦纹铜匜 /107
窃曲纹铜盉 /108
曾伯文铜簋 /108
垂鳞纹铜卣 /109
黄季嬴铜鼎 /109

第二单元 汉东大国：郭家庙

汉东之国曾为大
曾侯絴伯铜戈 /111
玛瑙串饰 /111
金银合金虎形饰 /112
凤纹玉饰 /112
龙纹铜簋 /113
虎食人车䡇 /114
马衔／马镳 /114
兽首形铜轭足 /115

曾国与其他国家的关系
曾亘嫚铜鼎 /116

第三单元 始封江汉：叶家山

早期曾国的国君和贵族
曾侯谏铜鼎 /118
曾侯谏作媿铜簋 /118

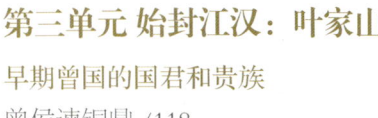

曾侯谏铜鼎 /119
曾侯铜方鼎 /119
曾侯谏盉 /120
铜罍 /121
曾侯谏铜盘 /121
曾侯谏作媿铜肆壶 /122
铜棒形器 /123
匍伏状鸟形佩 /123
玉鹿 /123
立鸟兽面纹罍 /124
盘龙铜罍 /125
师铜鼎 /126
兽面蕉叶纹铜鼎 /126
师方鼎 /127
铜弓形器 /128
𢀛兄乙铜爵 /128

麻于铜尊 /129
麻于铜卣 /130
兽面纹铜甗 /130

曾国的祖先来自中原
犺作南公铜簋 /131
铜锭 /132
瓷尊 /133
瓷釜豆 / 瓷豆 /133

第四单元 解谜曾国：文峰塔
文峰塔墓地
铜簠 /135
错金云纹鉴缶 /135

破解曾国之谜
曾侯與甬钟 /136

第五单元 金道锡行：苏家垄

铜升鼎 /139

曾伯霂壶 /139

曾伯克父鼎 /140

曾伯克父甗 /141

曾伯克父铜盨 /141

曾伯克父铜鑐 /142

曾伯克父铜壶 /142

曾伯克父簠 /143

楚国八百年

第一部分 开疆拓土

第一单元 筚路蓝缕

𫵖子鼎 /148

第二单元 春秋争霸

邓公孙鼎 /151

郙子行盆 /152

蔡侯之缶 /152

唐子铜钺 /153

子季嬴青簠 /154

彩漆方壶 /154

吴王夫差矛 /155

楚王孙渔之用矛 /156

错银车軎 /158

错金立兽扣饰 /158

马衔／马镳 /158

第三单元 战国称雄

析君铜戟 /160

矛 /161

剑 /162

彩绘漆画弩 /163

人甲胄 /164
铜镞 / 长铤箭镞 /164
戈 /165
单戈带刺戟 /165

第四单元 钟鸣鼎食

铜镬鼎 / 簠 /166
铜簋 / 铜甗 /167
镶嵌纹敦 /168
豕鐎鼎 /168
漆木鼎 / 漆木簋 / 龙耳漆方壶 /
漆木房俎 / 漆木方鉴 /169

第五单元 八音和鸣

彩绘凤纹石编磬 /171
二十三弦瑟 /171
虎座鸟架鼓 /172
瓦当 / 筒瓦 /173

第二部分 礼俗百业
第一单元 农商矿冶

铜镰刀 /175
郢爯 /176
蚁鼻钱 /176
木斗 /178
木锨 /178
木钩 /178
铜斧 /178

第二单元 饮食起居

饮食习俗

铜箕 / 铜炭炉 /180
彩漆木案 /181
方格纹酒具盒 /181
彩绘变形鸟纹圆耳杯 /182
彩绘漆木浅盘豆 /182

房屋家舍
竹席 /183
拱形木足几 /184
框形座枕 /184
错金银铜鸠杖首 /185
漆木梳妆盒 /186
山字纹镜 /187
透雕云纹木梳 /187
箧 /187

衣裳冠履
玉佩陆离
双龙云纹玉佩 /190
龙形云纹玉珩 /190
瑗（玛瑙）/191
玉带钩 /191

第三单元 车马出行
彩绘人物车马出行图圆奁 /193

第四单元 祈福祭祷
木雕伏虎 /195
彩绘龙云纹单头镇墓兽 /196
龙座飞鸟 / 彩漆鹿角木卧鹿 /196
彩绘漆棺 /197

第三部分 上下求索
第一单元 老庄哲思
老子
郭店楚简《老子》乙 /200
庄子

第二单元 屈宋辞赋
屈原
宋玉
《九歌图》/202
楚屈子赤角簠 /202

第三单元 竹帛丹青
包山竹简 /204
望山楚墓卜筮祭祷简 /205
遣策 /205

第四单元 信仰崇拜
楚人祭祀
羽人玉佩 /207

第四部分 惊采绝艳
第一单元 铄石镂金
铜案 /209
嵌地几何云纹铜敦 /210
云纹铜壶 /210
髹漆铜樽 /211
人擎铜灯 /212
人骑骆驼灯 /212
错金银龙凤纹铁带钩 /213
铜熏杯 /213

第二单元 髹器饰纹
彩漆龙蛇花瓣盘 /214
四龙纹漆卮 /215

彩绘凤鸟双连杯 /215
彩漆木屏形瑟座 /216
彩绘鸟兽纹矢箙面板 /216
匜形杯 /217
彩绘猪形盒 /218
彩绘三角形纹盏形器 /218

第三单元 理璞治玉

三人踏豕玉饰 /219
透雕双身龙凤玉佩 /220
透雕蟠螭纹玉佩 /220

第四单元 织文绣画

梁庄王珍藏

第一单元 天潢贵胄

亲王衣冠
冕冠 /225
皮弁 /226

帽顶
金镶无色蓝宝石帽顶 /226
金累丝镶宝石帽顶 /227
金镶宝石白玉云龙帽顶 /227

花簪
金牡丹花簪 /228

革带
金累丝镶宝石带 /229
青白玉镂空云龙纹带 /230
白玉海青天鹅束带 /230
金镶青白玉镂空龙穿牡丹纹带 /231
金镶青白玉隐起云龙纹绦环 /231
青白玉螭首绦钩 /232
云形头金钩 /232
玉钩描金龙纹佩 /233
青白玉素面圭 /233

王府器用
金素杏叶壶 /234
金爵 /235
金盆 /236
金盂 /236

金匙 / 金箸 /236
金茶匙 /237
金锭 /238
银锭 /239
青花龙纹瓷锤 /240
金锤盖 /241

密教信仰
金"大黑天"舞姿神像 /242
鎏金铜龛阿弥陀佛像 /243
金大鹏金翅鸟像 /243
金时轮金刚曼茶罗咒牌 /244
水晶佛珠 /244
金曼茶罗镶木佛珠 /245

第二单元 珠围翠绕

银鎏金封册 /246

王妃礼服
金凤纹帔坠 /247
青玉葵花带 /248
玉禁步 /249

金玉玲珑
金凤簪 /251
金累丝镶玉嵌宝双鸾鸟牡丹分心 /252
桃形金累丝镶宝石簪 /253
梅花形金镶宝石簪 /253
金钑花钏 /254
金镶宝石镯 /255
金镶红宝石戒指 /255

金镶宝石葫芦戒指 /255
串缀珠宝金耳环 /256
锦衣狐裘同心扣 /256

闺阁雅趣
青花瑶台赏月图瓷锤 /257
青白玉秋山饰 /258
绿松石执双荷童子佩 /258
金锭 /259
金镶宝石绦环 /259
金镶蓝宝石帽顶 /260
云形金镶宝石饰 /260

梁庄王的珍宝

天籁

第一单元 戛击鸣球

摇响器

陶响器 /264

陶网坠雷纹陶抵手 /265

哨与埙

陶埙 /265

铃

陶铃 /266

磬

非石磬 /266

第二单元 奏鼓简简

鼓

崇阳铜鼓 /267

庸

人面纹铜庸 /268

第三单元 钟鼓锽锽

甬钟

编钟 /270

钮钟

编钮钟 /271

镈

扉棱镈 /272

钲
铜钲 /273

铙
铜铙 /274

錞于
通山錞于 /275

扁钟
虎头甬扁钟 /276

琴
"旁晨"琴 /276

瑟
瑟 /277

正律器
曾侯乙彩漆五弦器 /278

篪
曾侯乙竹篪 /279

金石之乐
编钟 /280
编磬 /281

生字词注音释义 / 282

湖北省博物館
HUBEI PROVINCIAL MUSEUM

了解湖北省博物馆

筹建时间：1953年
地理位置：武汉市武昌区东湖风景区
建筑面积：11.4万平方米
常设展览：曾侯乙、越王勾践剑、曾世家、楚国八百年、
　　　　　梁庄王珍藏、天籁等。
藏品数量：24万余件（套）
藏品特色：以商周青铜器、楚国漆木器、楚秦汉简牍为特色，
　　　　　金器、玉器等兼具。

湖北省博物馆南主馆平面示意图

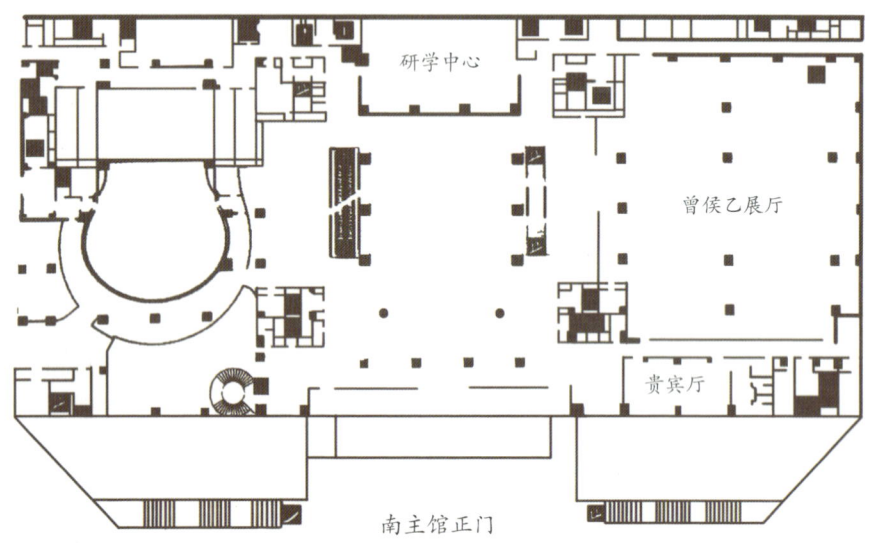

南馆楼层平面图

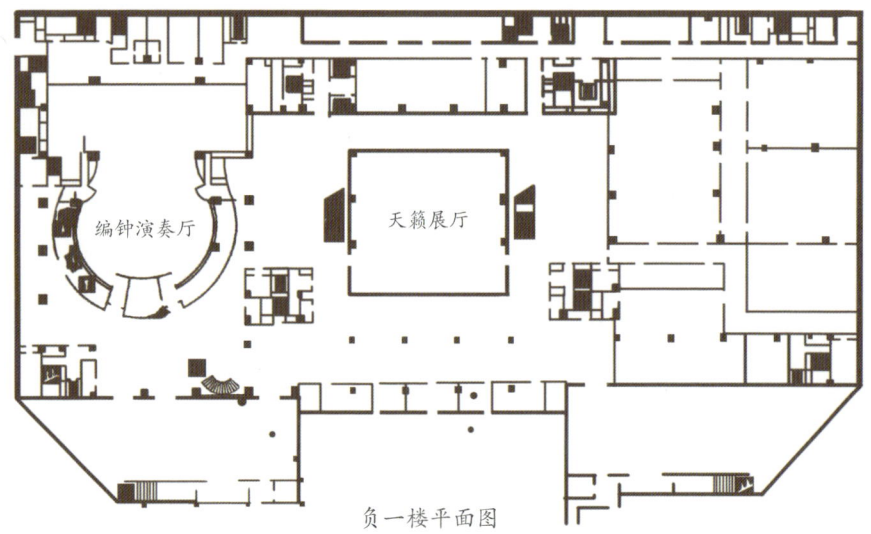

负一楼平面图

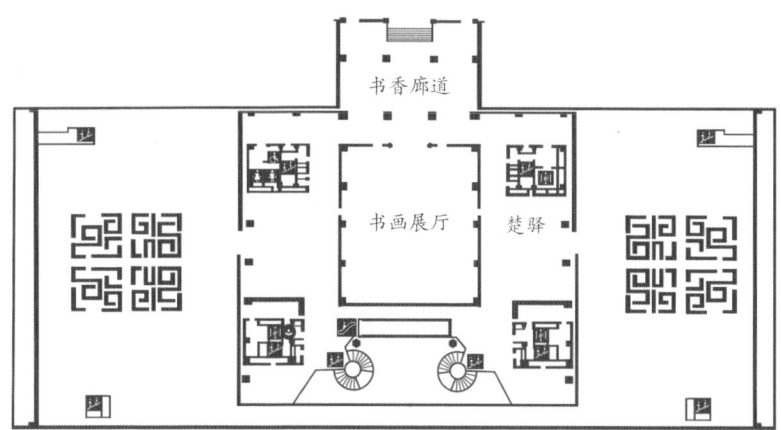

四楼平面图

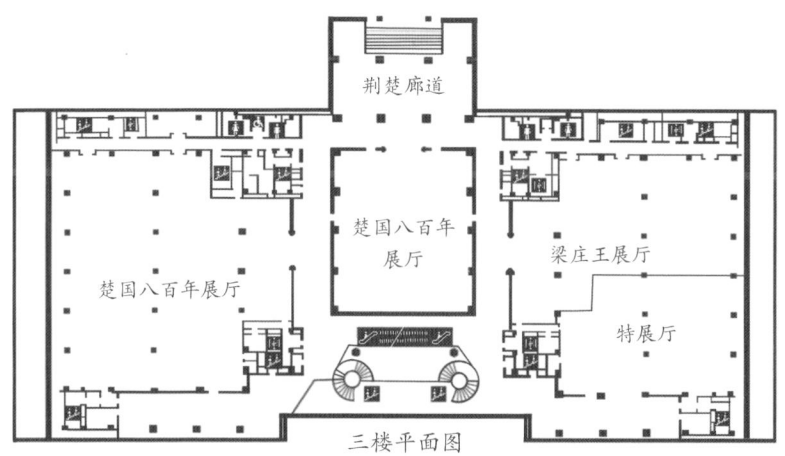

三楼平面图

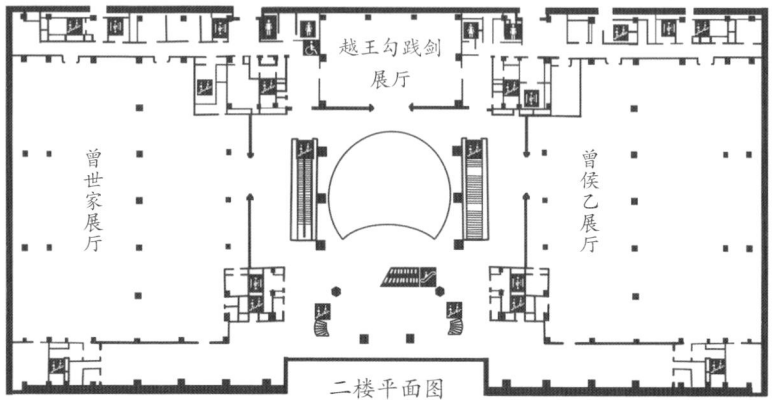

二楼平面图

湖北省博物馆
简介

历史沿革

　　1953年3月省委、省政府批准成立湖北省博物馆筹备处，由省文化局领导。

　　1953年9月省文物管理委员会与省文物整理保管委员会合并成立湖北省文史研究馆。

　　1954年4月恢复省文物管理委员会，与省博物馆筹备处合署办公。

　　1957年春中共湖北省博物馆党支部成立。

　　1958年2月湖北省文物管理委员会更名为湖北省文物管理处。

　　1959年春博物馆筹备处迁址武昌东湖风景区，省政府拨款兴建省博物馆陈列展览大楼。

　　1960年秋时任国家副主席董必武同志为湖北省博物馆题写了馆名。

　　1963年1月省博筹备处与省文物管理处合并，正式更名为湖北省博物馆。

　　1981年武昌辛亥革命纪念馆从省博物馆分离，成为独立的文博机构。

　　1999年建筑面积5717平方米的编钟馆建成开放。

　　2002年湖北省博物馆与湖北省文物考古研究所合并。

　　2005年楚文化馆建成开放。

　　2007年综合陈列馆开放。

　　2021年湖北省文物考古研究所与湖北省水下文化遗产保护中心合并组建湖北省文物考古研究院。

　　2021年12月湖北省博物馆三期新馆向公众开放。

　　2023年2月湖北省博物馆与湖北省考古研究院分开。

概　况

　　湖北省博物馆是全国八家中央和地方共建的国家级博物馆之一、国家一级博物馆、出土木漆器保护国家文物局重点科研基地、国家AAAAA级旅游景点，也是湖北省规模最大、藏品最为丰富、科研实力最强的综合性博物馆。1960年，时任中华人民共和国副主席的董必武来馆视察，并亲笔题写馆名。

　　该馆坐落于湖北省武汉市东湖风景区。2021年12月，三期新馆向公众开放。全面上新的馆舍建筑总面积达到11.4万平方米，其中展陈面积达3.6万平方米，展出文物由此前的1万件增加到2.5万件以上。

　　该馆新馆建成后，成为武汉一座新的文化地标，成为荆楚文化向国际国内传播的重要载体。新馆毗邻东湖风景区，有着广阔的景观视野。建筑造型的设计灵感来源于博物馆藏品青铜器"簠"（fǔ）。老馆的建筑则体现了楚国建筑"一台一殿""多台成组""多组成群"的高台建筑布局格式，老馆屋顶呈现的梯形与新馆建筑采用倒梯形的几何形体，两者正好与簠的形态吻合——"合则一体，分则为两"，从功能使用角度也是对"簠"的完美诠释，营造出馆内陈列展览的文物与承载它们的主体建筑配套的历史文化氛围。

　　新馆内部结构的设计则极具现代感，自然光线的引入进一步削减了室内与室外的界线。中庭的自然采光，营造出更加亲近自然的空间，最大化地把室外景观引至室内，形成了建筑与历史、艺术、自然、现代人文的对话空间。

主要藏品及突出特点

湖北省博物馆现有馆藏文物24万余件（套），以青铜器、漆木器、简牍最有特色，其中国家一级文物945件（套）、国宝级文物16件（套）。越王勾践剑、曾侯乙编钟、郧县人头骨化石、元青花四爱图梅瓶为该馆四大镇馆之宝外，曾侯乙尊盘、云梦睡虎地秦简、虎座鸟架鼓、彩绘人物车马出行图、石家河玉人像、崇阳铜鼓等也是独一无二的瑰宝。

该馆三期新馆常设展览有"曾侯乙""越王勾践剑""曾世家""楚国八百年""梁庄王""天籁"6个专题陈列，老馆目前有"古代陶瓷""郧县人、屈家岭、盘龙城""楚天英杰"3个展厅。

越王勾践剑

越王勾践剑集中体现了春秋战国时期发达的科技、艺术水平。

曾侯乙

曾侯乙是生活在公元前五世纪的一个诸侯国国君，他的墓葬中出土了工艺精湛、无与伦比的文物，呈现了高度发达的礼乐文明，揭示了中国古代青铜铸造、天文历法、音乐艺术等方面的极高成就。

曾世家——考古揭秘的曾国

一个名不见经传的周代诸侯国曾国引发了一系列困扰考古界的疑问。通过近年来的曾国考古发现,"曾国之谜"正被逐渐解开……

楚国八百年

在八百多年的历史中,楚人创造了绚丽多彩的物质文化和精神文化,为中国先秦时期长江流域与黄河流域文化的融合和华夏文明的形成奠定了基础。

梁庄王珍藏——郑和时代的瑰宝

梁庄王墓出土的珍贵文物,再现了梁庄王及王妃的贵族生活。

天籁——湖北出土的早期乐器

天籁,为自然之声,自远古时代,就是人类制造声音工具的灵感来源。

湖北出土的乐器见证了礼乐制度由滥觞(shāng)达到极盛的过程。

了解湖北省博物馆　007

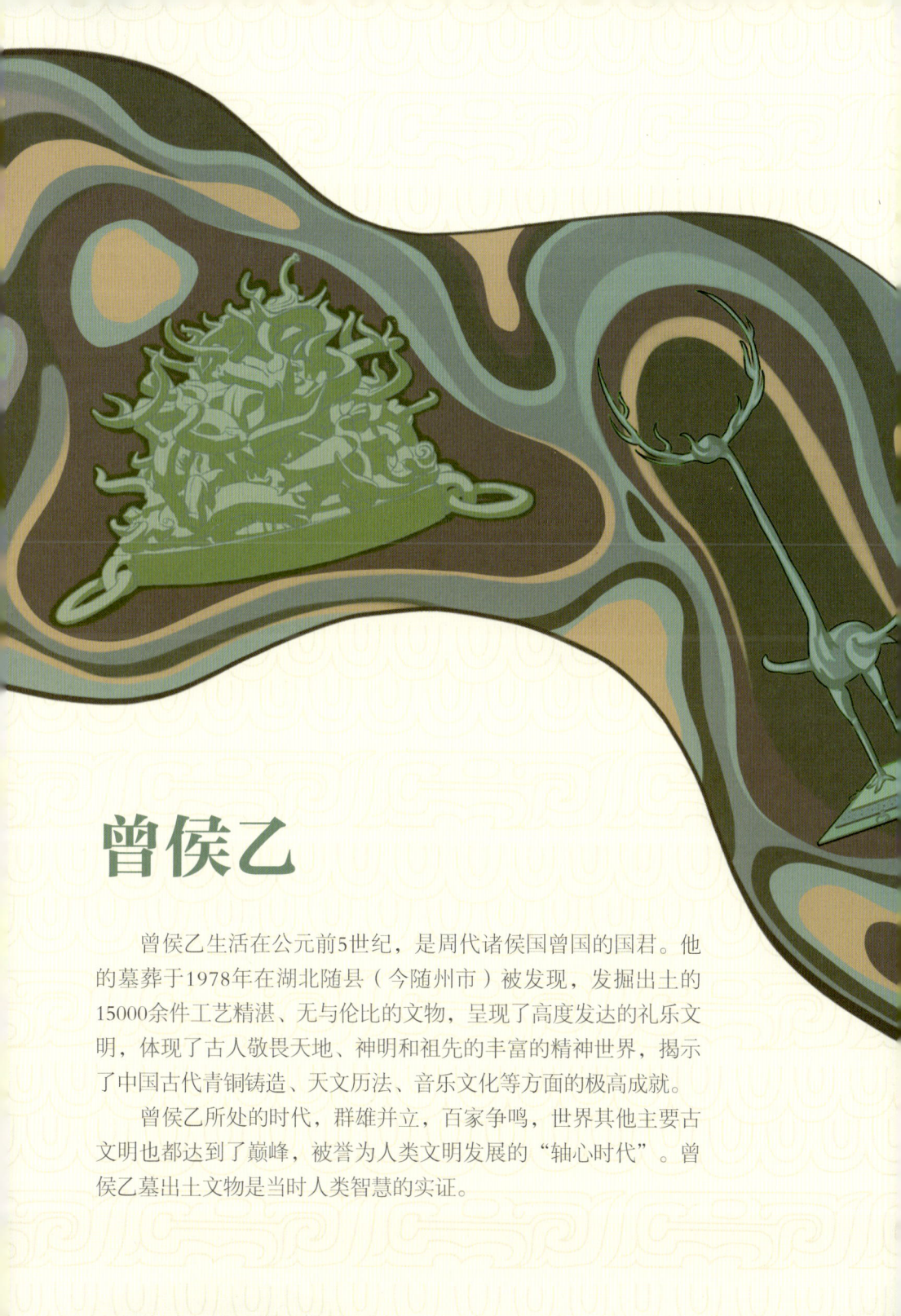

曾侯乙

　　曾侯乙生活在公元前5世纪,是周代诸侯国曾国的国君。他的墓葬于1978年在湖北随县(今随州市)被发现,发掘出土的15000余件工艺精湛、无与伦比的文物,呈现了高度发达的礼乐文明,体现了古人敬畏天地、神明和祖先的丰富的精神世界,揭示了中国古代青铜铸造、天文历法、音乐文化等方面的极高成就。

　　曾侯乙所处的时代,群雄并立,百家争鸣,世界其他主要古文明也都达到了巅峰,被誉为人类文明发展的"轴心时代"。曾侯乙墓出土文物是当时人类智慧的实证。

曾侯乙墓概况

曾侯乙墓位于湖北随州城区城关西郊擂鼓墩附近的东团坡，东南距市区中心约2000米，处于㴔（jué）水入涢（yún）的三角地带。墓高出㴔水河旁平地20余米，现高海拔88米，墓坑南北长16.5米，东西宽21米，深13米，面积为220平方米。

曾侯乙墓椁室被椁墙分为中、东、西、北四室四个部分，椁墙板缝隙中钉有些木钉或用于悬挂帷幔或香囊，椁墙底均有一小门洞彼此相通。四室具备不同的功能，是曾侯乙生前日常生活的真实反映。

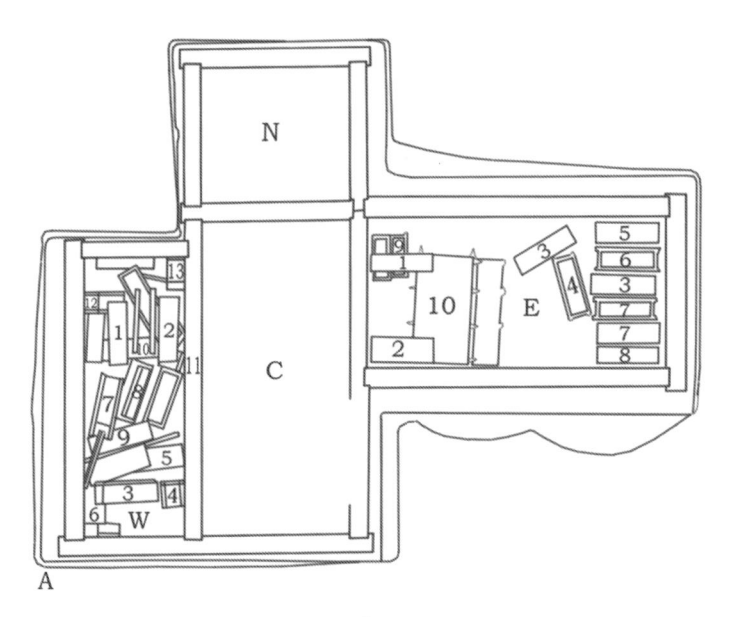

曾侯乙墓平面图

审图号：GS（2019）333号

曾侯乙墓地理位置图

第一单元
敬天崇祖

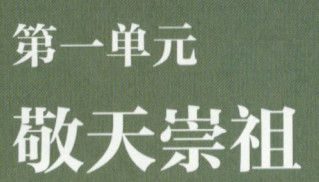

敬天崇祖是中国传统文化的根基。曾侯乙作为一国之君，祭祀、宴飨（xiǎng）等仪式是他最神圣、重要的活动，以此祈求上天护佑、农业丰收、国运绵长。

礼乐制度是用来规范礼仪的制度，仪式中使用的器物称为礼器，其数量、形制和组合反映了等级与权力。曾侯乙所制造的礼器运用了当时最先进的技术，同时他对审美的追求又带来了技术的突破。

牺牲与粢盛

祭祀时需要奉献祭品。用于祭祀的动物叫作"牺牲",饭食称作"粢（zī）盛"。镬（huò）鼎用于烹煮牛、羊等牲肉,升鼎（正鼎）用于盛放肉食,簋（guǐ）、簠（fǔ）用来盛放黍、稻等粮食,豆用来盛放酱料。

在周代礼乐制度中,鼎制（用鼎数量）和乐悬制度（钟磬布局）是身份等级的标志。曾侯乙墓发掘前未经扰动,各种礼乐器以九鼎八簋为中心,钟磬（qìng）共列一室。

青铜礼器出土场面

鼎簋数量现高低

铜九鼎八簋（guǐ）（鼎九件、簋八件）

鼎，高35～36cm　重19.7～20.7kg
簋，高30.8～32.3cm　重11.4～13kg

祭祀礼仪使用的食器中，鼎供奉牺肉，簋供奉食粮，是最重要的祭器。

曾侯乙墓的九鼎出土时其中七件内存有牛、羊、猪、鱼、鸡等动物骨骼，在文献中被称为"鼎实"，这与《周礼》所载的情况基本相符。

这九件鼎出土时口沿有用竹篾制成的鼎盖（已朽），鼎的内壁、八件簋器盖内以及内壁均有七字铭文"曾侯乙作持用终"。

在中国古代，有用鼎制度，即贵族用鼎要根据等级高下按照奇数递减，并与偶数的簋配合。有文献记载：天子用九鼎八簋，诸侯七鼎六簋，卿大夫五鼎四簋，士三鼎二簋，而考古发现有不少诸侯国国君使用九鼎八簋的情况，与文献记载不尽相同。

钟鸣鼎食甘如饴

铜匕

长45.8cm　宽9.2cm　重1.035kg

匕是挹取肉食与饭食之器。出自一件铜升鼎内。柄部正面有"曾侯乙作持用终"七字铭文。铭文和镂空纹饰均用绿松石镶嵌，部分脱落。

牛形钮盖鼎

高39.3～40.4cm　腹径44.6～44.8cm　重25.3～28.6kg

曾侯乙墓出土盖鼎，依其盖钮形制特征可分为牛形钮、三环钮、四环钮三种，也作盛食之用。盖鼎主要用于盛放配有调味品的牲肉，出土时鼎内存有牛、猪、雁骨等，底部均有烟炱痕迹，表明它们也兼有烹煮功用。

此鼎盖上有三个造型生动逼真的牛形钮饰，外壁原用绿松石镶嵌有精美纹饰，出土时绿松石已丢失，鼎盖上置放两件鼎钩，盖内、腹内壁、鼎钩均有"曾侯乙作持用终"七字铭文。

铜镬（huò）鼎／鼎钩（2件）／长柄匕

鼎，高57cm 口径57.4cm 重41kg

鼎钩，长24.5～24.8cm

长柄匕，全长158.5cm 宽12.7cm 重3.6kg

  镬鼎是古代贵族在祭祀、宴飨（xiǎng）等重大礼仪活动中煮牲肉的鼎。此鼎出土时口沿上有竹篾片编制的鼎盖，鼎腹底有烟炱（tái）痕迹，鼎内遗存有半边牛体（右前肩、右前肢、右后臀、右后肢、整个背部和部分左右肋部）的骨头，鼎钩挂于鼎耳，配有长柄匕——是目前国内发现的最大的匕，柄上铸有阴刻双线组成的蟠螭纹。鼎腹内壁、鼎钩、匕上均有"曾侯乙作持用终"七字铭文。

稻米流脂粟米香

铜簠（fǔ）

高25.4～26.6cm　重13～13.5kg
口长宽31.4cm×24.1cm　底长宽24.7cm×17.2cm

簠在祭祀和宴飨（xiǎng）时用于盛放饭食。盖和器形状相同，大小一致，上下对称，合起来成为一体，分开则为两个器皿。

簠也与鼎相配使用，墓中所出四件铜簠与五件牛形钮盖鼎位置靠近，属五鼎四簠的组合。

此器身镶嵌繁缛（rù）花纹，出土时镶嵌物已丢失，残存褐、白色填充物。盖内与簠身内均有"曾侯乙作持用终"七字铭文。

鼎食豆羹不虚受

铜盖豆

高26.4 cm

口径、腹径约21 cm　重5.9 kg

　　豆，像高脚盘，是中国先秦时期的礼器和食器，在祭祀与宴飨中使用，流行于春秋战国时期。豆作为礼器常与鼎、壶配套使用，豆、鼎、壶构成了一套原始礼器的基本组合，成为随葬用的主要器类；作为食器，开始时用于盛放黍、稷等谷物，后专门用于盛放腌菜、肉酱等调味品。用豆之数，常以偶数组合使用，按尊卑长幼，亦有数量多少之分。

　　这件铜盖豆形似高脚盘，以绿松石镶嵌成联凤纹、鸟首龙纹，通体采用嵌错法，是典型的战国青铜装饰工艺。

小知识：豆

　　在古代的文学作品中，有不少关于豆的描写。

　　如《诗经·小雅·鹿鸣之什·常棣》："傧（bīn）尔笾（biān）豆，饮酒之饫（yù）。"

　　《孟子·告子上》："一箪（dān）食，一豆羹，得之则生，弗得则死。"

　　《国语·周语》："觞（shāng）酒豆肉箪食。"

击钟鸣乐陈谷食

铜甗（yǎn）

高64.9cm　口径47.8cm　重33.4kg

　　甗是中国古代蒸食物用的一种炊具，它相当于我们现在用的蒸锅，在祭祀或宴飨（xiǎng）时蒸煮食物。

　　甗的上部分盛放食物称甑（zèng），下部煮水为鬲（lì）。甑的底部有很多通气的十字孔或直线孔，称为"箅"（bì），将鬲注满水后加热，水蒸气可以通过箅进入甑内，将里面的食物蒸熟，原理与今天的蒸笼颇有几分相似。

鼎形器

高20.6~21.4cm　重1~1.5kg

食器。出土时鼎内有匕置于其中。

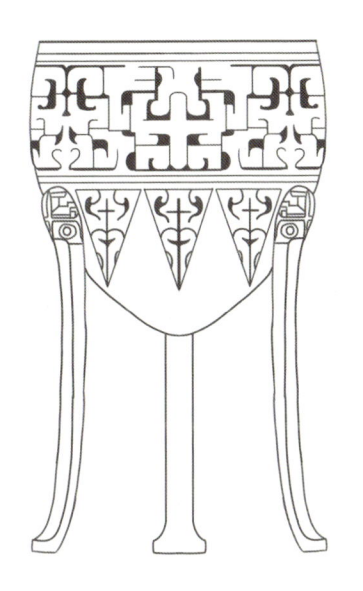

鼎形器线图

小铜鬲（lì）／铜匕

铜鬲，高12.1~12.95cm
腹径15.38~15.75cm　重2~2.5kg
铜匕，长18.5cm　重0.124kg

　　食器。鬲、匕上均有"曾侯乙作持用终"七字铭文。出土时二匕置于两件铜鬲口沿处。

铜炉炭火三更暖

铜炭炉／铜箕（jī）／铜漏铲

铜炭炉，高14cm　口径43.8cm　提链长35cm　重16.2kg
铜箕，长29cm　口宽25.3cm　高5.2cm　重1.6kg
铜漏铲，长38.6cm　口沿宽14.7cm　重1.6kg

　　箕和漏铲出土时置于炭炉内。炉用以烧炭，箕盛木炭或炭灰，漏铲则用来筛炭（底有53个菱形漏眼）。炉上有铸镶红铜纹饰，铜箕仿竹箕制作，器表及曲栏均模仿竹篾编织的形状。炉底、箕口沿、漏铲柄上均有"曾侯乙作持用终"七字铭文。

　　炭炉、箕和漏铲出土时与镬（huò）鼎摆放在一起，可能用于盛放烹煮食物所用的木炭。

> **小知识：加工工艺**
> 　　曾侯乙墓青铜器广泛运用了较先进的印模法制作浮雕、平雕纹饰，并填以各种几何纹饰构成复层花纹。在器物附件上则多用阴刻、圆雕、镂空等技艺。不少器物采用了错金、镶嵌绿松石、铸镶红铜等纹饰，具有很强的装饰效果，集中反映了当时青铜加工工艺水平。

酒醴

在中国古代，酒以成礼——酒是用来完成礼仪的。因酒能致幻，被视为人与神沟通的一种媒介，在祭祀中发挥了重要的作用，也是宴飨等仪式中必不可少的饮品。

曾侯乙墓所出酒器主要以青铜鉴缶、尊盘、壶为代表，使用了当时最先进的铸造工艺，是中国青铜时代的巅峰之作。

一体君臣祭祀同

此器由方鉴、方缶两部分组成，缶置于鉴内，合为一整体。放置时，方鉴底部有一个活动倒栓，插入自动落下，固定方缶。鉴底由四个兽足承托。鉴、缶均有"曾侯乙作持用终"铭文。

此器在使用时，方缶盛酒，鉴缶之间的空隙盛冰。《周礼·天官·凌人》有"大丧共夷盘冰""祭祀共冰鉴"的记载，尊盘、鉴缶亦可称"冰盘""冰鉴"。

铜过滤器用于滤酒。周代祭祀用酒多为"五齐"，即五种未经澄滤的薄酒，里面有糟粕，饮用时需稀释后加以过滤。

此器出土时有长85.4cm的铜勺置于鉴缶上，应为舀酒之用。

铜鉴缶（fǒu）
高63.2cm　边长62.8～63.4cm　重170kg

铜过滤器
高88.5cm　重4.6kg

鉴内放冰　尊缶内装酒

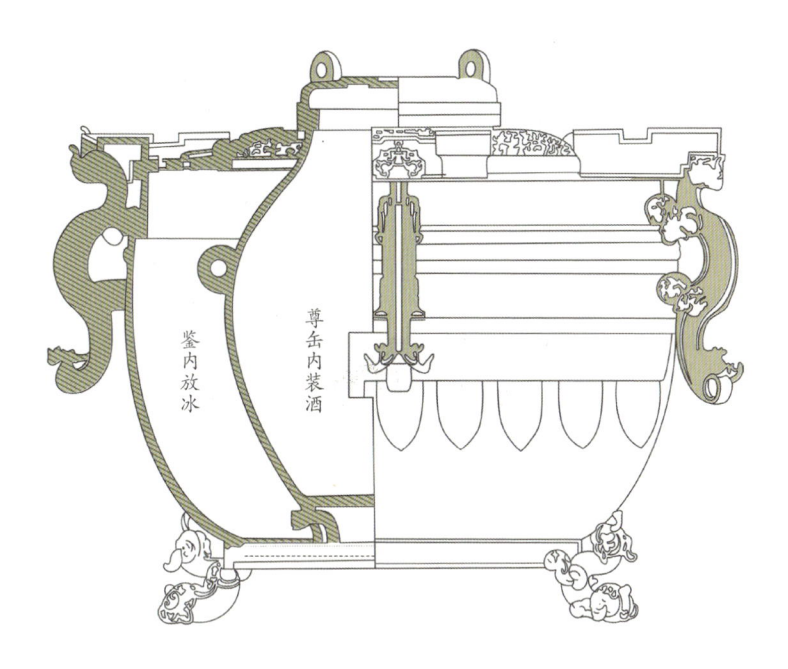

铜鉴缶结构示意图

小知识：青铜铸造技术
　　曾侯乙墓青铜器主要采用范铸法铸制。使用了浑铸、分范合铸、分铸浑铸相结合的方法，运用到以下四种工艺：
　　铸接：在器体上加铸附件或预先铸附件，再铸器体。
　　铸焊：用铜或铅锡合金联接铸件。
　　铸镶：将铸好的红铜纹饰片置范内，浇铸成型后再抛光。
　　铆焊：将铸好的部件用铆（mǎo）和焊的方法连接起来。

远去先贤大自由

铜联禁大壶

壶，高99cm　两壶分别重99kg和106kg
禁，高13.2cm　长117.5cm　宽53.4cm　重35.2kg

壶是典型的酒器，商代开始出现，有圆、方、扁、横等形状。

此双壶通高近1米，圆形，鼓腹，在博物馆的众多文物中属于"庞然大物"，格外有气势。壶颈内壁均有七字铭文"曾侯乙作持用终"。

大壶的主要纹样为蟠（pán）螭（chī）纹、壶盖部分的勾连纹以及颈部饰有内填蟠螭纹的蕉叶纹，腹部饰有宽带纹。整个大壶的纹样繁缛（rù）复杂、轻灵流动，体现了当时先进的青铜制造工艺、自由奔放的审美追求和礼俗融合的楚地文化。

禁，是中国古代自西周始王公贵族在祭祀时用于摆放盛酒器的几案。《仪礼·乡饮酒礼》中记载："尊两壶于房户间，斯禁。"

铜禁是我国自西周开始出现的新式青铜器，也是青铜器中的罕见器类，它多见于战国时代，以刻纹铜器居多。铜禁长方形，四足均饰四小神兽，铜壶和禁总重超过240千克，所有重量都靠这四个昂首张口衔座的小神兽擎起。

大铜尊缶（fǒu）

高126cm　最大腹径100cm　重327.5kg

　　此器是古代的酒器，作盛酒之用，用于祭祀、宴飨（xiǎng）等仪式活动，也有文献称它是盥缶或浴缶，是大型盛水器。

　　此器形体庞大，需要分两次铸接，先铸好上半段，再接铸下半段和底部。铜盖和腹部的环钮是单独铸好以后，再嵌入器身的范内浇铸成一体。它的肩部有"曾侯乙作持用终"七字铭文，是目前所出土的古代最大的青铜酒器。

酒酣胸胆尚开张

好酒酿成为兄弟

铜提链壶（2件）

高40.5cm　腹径19cm　各重5.6kg

　　这两件壶是盛酒器，同时出土，壶颈修长，壶盖以锁链与壶身的提链相接，身上有蕉叶纹、勾连云纹等纹饰，造型优美，工艺精良。器身上都有"曾侯乙作持用终"七字铭文。

暑天冰寒饮琼浆

铜尊盘

尊，高30.1cm　口径25cm　重9kg

盘，高23.5cm　口径58cm　重19.2kg

　　铜尊盘是一套酒器，由铜尊、铜盘组成，出土时尊置于盘中，尊与盘内都有"曾侯乙作持用终"七字铭文。铜尊用于装酒，铜盘用于盛冰，就可以起到冰镇的作用。

　　此器的尊口、盘口和4个抠手均采用失蜡法铸造，做成细密繁复、玲珑剔透的镂空纹饰，尊的颈部有4条圆雕的龙形装饰，它们头部向外，口吐长舌，身体也是由镂空纹饰组成。这套尊盘工艺繁复，设计精巧，整个尊体使用了34个部件，通过56处铸焊连成一体，铜盘使用了38个部件，经由44处铸焊连成一体，铸造、组合工艺都极其繁复，造型、装饰、设计十分精巧，是战国时期青铜工艺的巅峰之作。

小知识：失蜡法

　　失蜡法是青铜冶铸史上的重大发明，现代称之为熔模铸造。它的原理是在蜡做的模型之外浇淋耐火材料（如泥浆），待干透形成铸范后，通过高温煅烧使蜡融化流出，整件铸件模型变成一个空壳，再向内浇注铜液。铜液冷却后将泥范脱落，形成铸件，再焊接到本体上。尊盘是当时铸造加工技术最杰出的成就。

盥洗

商周时期，贵族在祭祀、宴飨（xiǎng）时要先行沃盥（guàn）之礼。《礼记·内则》记载："进盥，少者奉盘，长者奉水，请沃盥。盥卒，授巾。"古代通过清洁仪式以表虔敬。沃即是以匜（yí）浇水于手，盥是洗手的意思，弃水用盘来承接。圆鉴、盥缶（fǒu）则用于储水。

近年考古发现，在西周中期以前，流行盘盉（hé）配合使用，西周晚期后，则多为盘匜配合使用。战国以后，沃盥之礼渐渐废除，盘亦被"洗"替代。

奉匜沃盥清露洗

铜提链圆鉴

高29cm　口径44.6cm　重23.8kg

"鉴"为储水用器。由于它在刚铸造出来时，器物内部光滑平整，反射着金色的铜光，因器口很大，可以当镜子使用，因此延伸出"参照"之意，有"借鉴""以史为鉴"等说法。此器有"曾侯乙作持用终"七字铭文。

圆鉴盖纹饰线图

铸镶红铜纹饰盥缶（fǒu）

高36cm　腹径43.8cm　重33.7kg

盥缶是盥洗用的储水器。这件盥缶的表面镶嵌有红铜花纹，花纹采用铸镶法，是预先铸好再嵌入范内，然后再浇铸青铜溶液，形成类似镶嵌的装饰效果。

曾侯乙墓共出土4件盥缶，大小轻重略同，但器表纹饰有别。两件镶嵌绿松石（多已脱落），两件以铸镶法形成红铜纹样。

盥缶器表纹饰图

流水多为有情客

铜长柄斗

柄长85.2cm　重3.15kg

长柄铜斗是贵族行盥洗之礼时的舀水工具，出于中室两件盥缶之上。曾侯乙墓出土的盥缶盖内、肩部、斗柄、盘和匜（yí）内底均有"曾侯乙作持用终"七字铭文。

大铜匜鼎

高40cm
口径50.2cm×44.4cm
重13.2kg

此器为水器，是匜、鼎的合体，过去从未出现过。

三足铜匜（yí）／鸟喙（huì）形器

匜，长31.8cm 高15.5cm 口径26.7cm×18.8cm 重2.44kg

鸟喙形器，长24.5cm 钩长7cm 重0.6kg

这两件器物出土时鸟喙形器置于匜内。经检测其锡含量较高，硬度较大，可用于钩物、凿物，或许也用于凿冰。

铜盘／铜匜

盘，高12.8cm 口径41.6cm 重8.8kg

匜，高13.4cm 口径19.4cm×18.8cm 重2.6kg

盘用以盛弃水，匜用以浇水。

第二单元
金声玉振

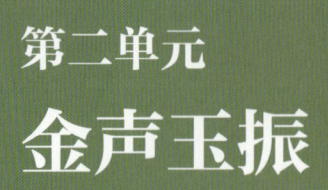

曾侯乙拥有规模宏伟的乐器组合,在祭祀、宴飨(xiǎng)场合与其他礼器配合使用,彰显他的等级、权力。金声玉振指钟、磬和谐悦耳的声音,也形容人最高的修养。孔子说"兴于诗,立于礼,成于乐",音乐是周代贵族必备的修养。

故宫博物院藏战国铜壶上的奏乐示意图

燕乐

在周代贵族的各种祭祀、典礼、宴飨（xiǎng）场合都要演奏音乐，即燕乐。钟、磬是燕乐乐器组合的核心，其数量和悬挂方式是贵族身份等级的标志，必须遵循乐悬制度的规定。曾侯乙墓中室出土编钟、编磬以及各种管、弦、打击乐器共125件，呈现了一幅恢宏壮丽的燕乐场景。

周代礼制赋予钟、磬以深刻的政治内涵，针对贵族享用钟、磬的悬挂规模和陈设方位所做的规定叫悬制。悬制和鼎制构成了周代礼乐制度的核心内容。

《周礼·春官·小胥》里明确说："正乐悬之位，王宫悬，诸侯轩悬，卿大夫判悬，士特悬。"宫悬指四面悬挂，轩悬指三面悬挂，判悬指二面悬挂，特悬指单面悬挂。曾侯乙墓中编钟、编磬分三面悬挂，符合"诸侯轩悬"的规定。

小知识：乐器组合

《尚书·益稷》里为我们描绘了一幅上古时期音乐家表演《箫韶》的场面，提到了鸣球、搏拊（fǔ）、琴、瑟、鼗（táo）鼓、笙、镛（yōng）、石（磬）、柷（zhù）、敔（yǔ）等乐器，其中柷、敔的声音是控制表演的开始和结束的信号。

迄今所知最早的乐器组合发现于山西陶寺文化（前2500—前1900年）遗址3002号墓出土的鼍（tuó）鼓、石磬、土鼓3件乐器的组合。商代人们开始把乐器编排起来，以增强音乐的感染力。殷墟妇好墓出土有青铜编铙（náo）、石编磬和埙（xūn）。

曾侯乙墓的乐器组合分为两部分，中室乐器以钟、磬为主，组成燕乐乐队。东室以琴、瑟为主，组成周代房中乐乐队。

千古钟鸣奏绝响

曾侯乙编钟

长钟架，长748cm　高265cm
短钟架，长335cm　高273cm
最大钟，高152.3cm　重203.6kg
最小钟，高20.4cm　重2.4kg
总重量约5000kg

　　编钟是中国古代大型打击乐器，兴起于西周，盛于春秋战国直至秦汉时期。它用青铜铸成，由大小不同的

扁圆钟按照音调高低的次序排列起来，悬挂在一个巨大的钟架上，用丁字形的木槌和长形的棒分别敲打铜钟，能发出不同的乐音。编钟的钟体小的，音调就高，声音清脆；钟体大的，音调就低，声音浑厚。

编钟在发展初期，多为三枚一套，后来，每套编钟的个数也不断增加。编钟多在宫廷中演奏，每逢征战、朝见或祭祀等活动，都要演奏编钟，在民间则很少流传。

曾侯乙编钟由制式不同的多套编钟组成，共65件，分三层八组悬挂在呈曲尺形的铜、木结构钟架上。

整套钟体用浑铸、分铸法铸成，采用了铜焊、铸镶、错金等技术和工艺，使用了圆雕、浮雕、阴刻、髹（xiū）漆彩绘等装饰技法。

每件钟均具备"一钟双音"的声学特征。全套编钟音域跨五个半八度，十二律齐备。

钟及钟架、挂钩上共有3755字的铭文，内容为编号、记事、标音以及记录诸如音名、阶名、八度组、各国律名对应关系等方面的乐律理论。

这套编钟的出土改写了世界音乐史，是中国迄今发现数量最多、保存最好、音律最全、气势最宏伟的一套编钟，代表了中国先秦礼乐文明与青铜器铸造技术的最高成就，在考古学、历史学、音乐学、科技史学等多个领域产生了巨大的影响，2002年被国家文物局列入《首批禁止出国（境）展览文物目录》。

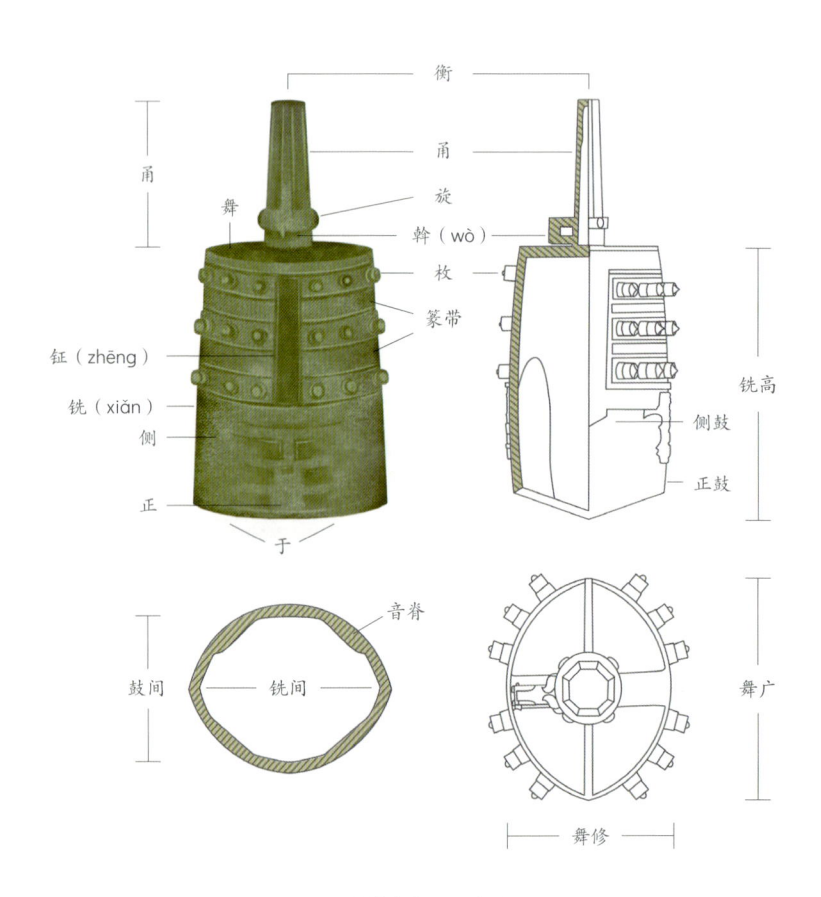

编钟各部位示意图

彩漆撞钟木棒

长215cm

木棒用于击奏下层大钟。共出土2件，均木制髹（xiū）漆彩绘。

木棒的两端为多棱柱体，下端底面有撞钟留下的痕迹，中部手握部分略收窄，有把握痕迹。使用长木棒撞击下层大钟，可以激发整个钟体共振，从而得到理想的音响效果。

彩漆敲钟木槌

长62cm

木槌用于击奏中、上层编钟。出土共6件，均木制髹漆彩绘。

小知识：一钟双音

一钟双音是中国先秦钟的声学特征，指敲击钟的鼓部正面和侧面可以各发出一个音。具备这种声学特征的钟，外形通常为合瓦形。曾侯乙编钟的鼓部正面和侧面标示着不同音高的铭文。

"一钟双音"是中国乐器的伟大发明。曾侯乙编钟每件均经过精细打磨，钟上两音呈三度和谐关系。这是古人历经2000多年不断探寻钟铃乐器发音规律，磨炼铸钟技术的结果。

彩漆竹篪（chí）

长约30.2cm

篪是吹奏乐器，由竹管制成，与笛不同的是：它两端封闭，管身的吹孔、出音孔与五个指孔呈九十度，演奏时，掌心向里。

曾侯乙墓出土了2件篪，长约30.2cm，是目前所见最早的篪。

彩漆排箫

长约22.5cm　宽约11.7cm

排箫又称"参差"或"箫"，是吹奏乐器。曾侯乙墓出土排箫2件，均由13根长短不同的竹管经三个竹夹缠缚而成。

这两件排箫出土之前，古排箫的形制曾长期模糊不清。如清代音乐家曾根据古文献所记载的排箫形如蝶翅的说法复原出26管、左右对称的排箫。曾侯乙排箫形如蝶之单翅，这与世界各地的古排箫类似。

彩漆笙笙苗／彩漆笙笙斗

笙斗，长20.8cm
笙苗，长13~14cm

　　笙也是吹奏乐器，出土共6件，笙斗为匏（páo）制，竹制笙苗出土时已散乱。

　　中国古代乐器按质地分为金、石、土、革、丝、木、匏、竹八类，称为"八音"。笙属匏类乐器，匏即葫芦。用匏制作笙需要在幼匏时按笙斗形制用匏范套住幼匏使之定型。此笙是目前所见中国匏制笙中最早的实物。

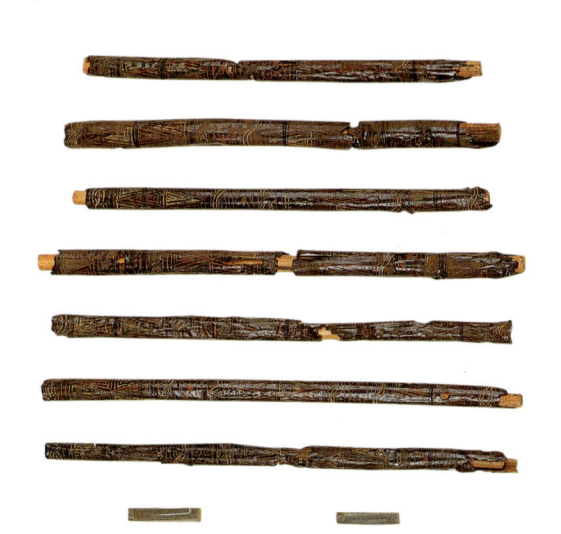

箫笙和鸣歌遍彻

双龙腾飞铜为证

楚王熊章镈（bó）

高92.5cm　重134.8kg
1978年在湖北随县曾侯乙墓出土

　　楚王熊章镈出自中室编钟的下层中间，钮作夔（kuí）龙成双对峙，钲（zhēng）部两侧以找浮雕龙纹为衬地，有五个圆泡形饰。钲部刻有31字铭文："唯王五十又六祀，返自西（阳），楚王酓（熊）章乍（作）曾侯乙宗彝，奠之于西阳，其永持用享"。

　　"楚王熊章"即楚惠王；"王五十又六祀"即楚惠王五十六年，也就是公元前433年，楚惠王赠曾侯乙这件镈作为宗庙祭器。此器及铭文是研究楚、曾两国关系的重要实物和史料。

> **小知识：纹样和造型艺术**
>
> 　　曾侯乙墓青铜器的纹样和造型艺术继承了中原传统的纹样母题，各类蟠（pán）龙、蟠螭（chī）和几何纹仍是器物装饰的主流。与前期青铜装饰艺术比较，它突出的特点在于追求纹饰的繁复细密和动物造型的奇特夸张。如尊盘所用蟠龙、蟠螭多达164条，繁复纠结，极尽华美。这种清新俊逸风格的出现，摆脱了传统青铜礼器敦厚威严的装饰作风。

曾侯乙编磬（qìng）

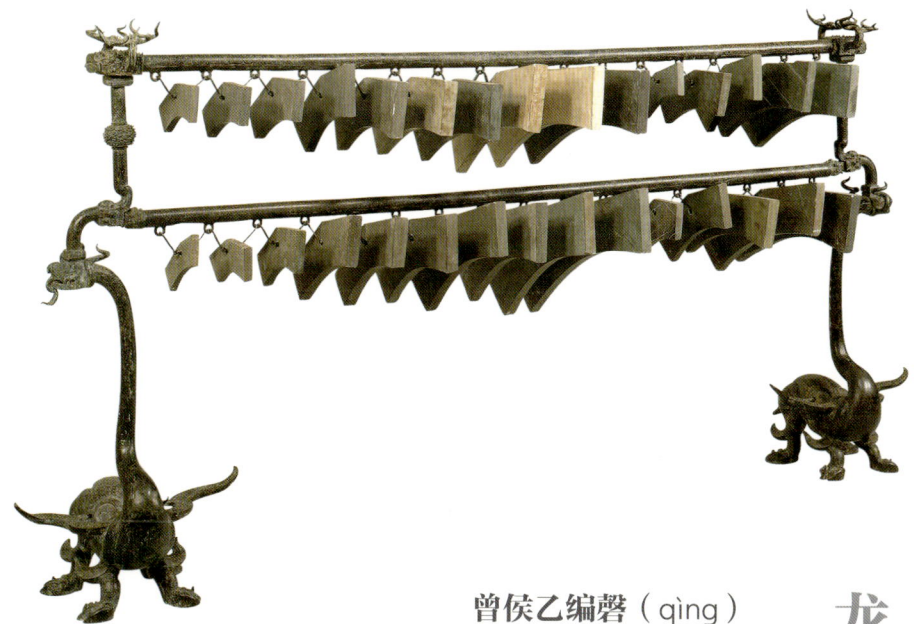

高109cm　长215cm

磬为打击乐器。磬架由青铜制的龙首、鹤身怪兽等构成。横梁与立柱错金装饰；兽舌上有"曾侯乙作持用终"七字铭文。

出土时，磬块多数已断裂侵蚀。复原研究显示，磬块由石灰石或大理石磨制，共32块，分上下两层四组悬挂于横梁之上，音色清脆明亮，音域跨三个八度。多数磬块刻有编号和乐律的铭文，其中一些铭文与编钟上的相同。

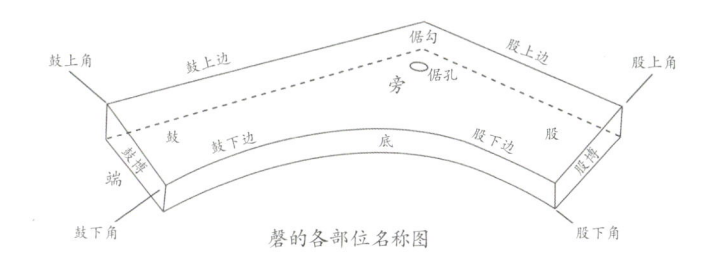

磬的各部位名称图

龙鹤伴舞玉磬声

疾鼓声远震秋风

建鼓铜座

高54cm 底径80cm 重192.1kg

这件建鼓青铜鼓座的铸造采用了分铸、铸接和焊接相结合的方法，由8对大龙和数十条纠结穿绕的小龙构成，龙身镶嵌绿松石，是迄今所见最精美的一件先秦建鼓座。建鼓复原展示，贯柱通高365cm，鼓身长106cm，面径74cm。

山东沂南汉墓画像石建鼓图（临摹图）

> **小知识：鼓**
>
> 　　鼓是世界上历史最早、使用最为普遍、形态最为丰富的一种乐器。考古发现中最早的鼓，为远古时期的土鼓和鼍（tuó）鼓。《考工记》中还记录了鼓的形、声关系："鼓大而短，则其声疾而短闻；鼓小而长，则其声舒而远闻。"
> 　　曾侯乙墓共出土4件鼓，中室3件，分别是建鼓、扁鼓、有柄鼓；东室1件，为悬鼓。鼓均为木腔双面皮鼓，但形制有别。出土时腔体尚在，鼓皮已腐烂无存。《诗经·周颂·有瞽（gǔ）》有"应田县鼓，鞉（táo）磬柷圉（yǔ）"诗句，"应鼓""田鼓""县鼓""鞉鼓"可能分别对应着曾侯乙墓出土的扁鼓、建鼓、悬鼓和有柄鼓。

一弦一柱思华年

彩漆瑟

长167.3cm　宽38.5~42.2cm

瑟是弹奏乐器。曾侯乙墓出土瑟共12件。据弦孔数量得知原来每张瑟有25弦，出土时弦已丢失，同时出土的还有总计1358枚形式各异的瑟柱。瑟柱，又称瑟码，置于瑟面和弦间用于承弦调音。

相传伏羲作50弦瑟，黄帝改良为25弦。目前考古发掘所见有18、19、21、23、24、25弦共六种弦制。

在古代诗词中，对50弦和25弦都有描写，如：

锦瑟无端五十弦，一弦一柱思华年。
　　　　　　　——李商隐
三千宫女列金屋，五十弦瑟海上闻。
　　　　　　　——李　贺
更从赵壁艺成来，二十五弦不如五。
　　　　　　　——李　白
又应添得几分愁，二十五弦弹未尽。
　　　　　　　——晏几道

小知识：琴瑟和鸣

　　古人用"琴瑟和鸣"比喻夫妇情笃和好。最早见于《诗·小雅·棠棣》："妻子好合，如鼓琴瑟。"

　　近义词有琴瑟之好、琴瑟和同、琴瑟和调、琴瑟静好、琴瑟之欢、琴瑟之乐等。

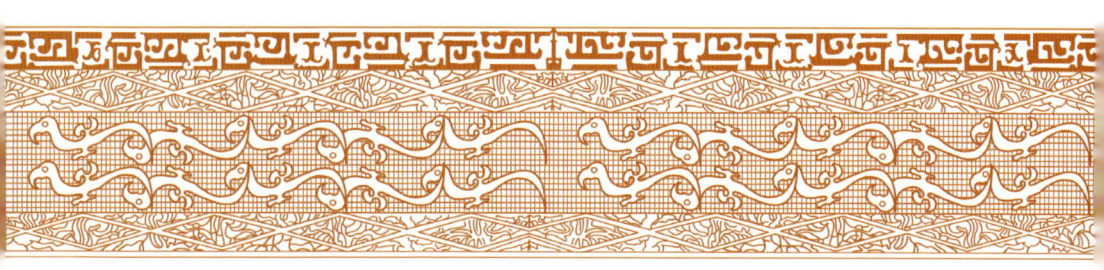

房中乐

周代后妃在寝宫中为国君演奏音乐，即房中乐。房中乐不使用钟、磬，而以管、弦为主，为歌诗伴奏。内容主要是歌颂先王、贤妃的德行，劝谏国君勤政爱民，祈求国泰民安。

曾侯乙墓东室的琴、瑟、笙、鼓等10件乐器即用于房中乐。

鹿鼓琴瑟潜入梦

彩漆木雕梅花鹿

高77cm　身高27cm　身长45cm

木雕梅花鹿出自东室，出土时与笙、瑟同处，而与日用漆器相区别。鹿身为整木雕成，头上所插为真鹿角。身上有方孔，可能用来插小木鼓。

彩漆五弦器

长115cm　宽5.5～7cm

五弦器出自曾侯乙墓东室,为弹奏乐器。此器为整木雕制,器身中空为音箱,据两端弦孔确认原器有五弦,出土时弦已丢失。器身绘有神人跨龙飞天和十二凤鸟图画。传说夏后启上天得乐和黄帝命伶伦仿凤鸟定十二律,器身的图画可能是"夏启得乐乐图"和"伶伦作乐图",内容与制律有关。

素漆十弦琴

长67cm　宽19cm　高11.4cm

十弦琴为弹奏乐器。由琴身与活动底板组成,琴身中空为音箱,出土时弦已丢失。据两端弦孔和栓弦柱确认原琴有十弦。此琴文献未载,在考古发现中前所未见。

弦瑟和鸣惊月夜

第三单元
所尚若陈

曾侯乙时代社会经济的进步与发展，为贵族提供了丰厚的物质保障，进而为他们进行精神探索和审美追求提供了一定的基础。墓中陈设的精美青铜用器、漆木器和玉器见证了技术的进步，展现了那个时代所崇尚的高贵、优雅、精致的贵族风貌。

后妃女乐

周代宫廷中的贵族女性也会参与到祭祀当中。曾侯乙墓西室的13位殉葬女性为女乐，负责演奏中室燕乐乐器。曾侯乙墓东室葬有8位殉葬女性，均是曾侯乙的妃妾，同时也负责在寝宫娱乐时参与房中乐。她们的陪葬品中不乏精品，其中彩漆木雕鸳鸯形盒上的图案生动地表现了乐舞场景。

彩漆木雕鸳鸯形盒

高16.5cm
身长20.1cm
身宽12.5cm

三更尤听鸳鼓声

彩漆木雕鸳鸯形盒出自西室陪葬棺。它的腹部两侧分别绘有撞钟与击鼓乐舞图案，形象地展示了钟、鼓的演奏方法，是反映中国古代音乐舞蹈及绘画艺术的罕见资料。

肆 筵设席

铜盘炉火照天明

曾侯乙时代，贵族的宴饮食材愈加丰富，食器更为精美，烹饪手法更加多样。曾侯乙使用的数量众多、制作考究的日用青铜器、漆木器、金器，凸显了其生活品位。

铜炉盘

高21.2cm　上盘口径39.2cm　重8.4kg

铜炉盘用于煎烤食物。出土时炉内存有木炭，盘内存有鲫鱼鱼骨。盘底有烟炱（tái）痕迹，是目前发现最早的煎烤食物的青铜炊具。

金杯金盏莫厌醉

金盏／金漏匕

金盏，高11cm　口径15.1cm　盖径15.7cm　重2156g
金漏，匕长13cm　匕宽3.4cm　重56.45g

　　这两件器物都是食器，出自东室主棺之下。金盏是目前已出土先秦金器中最大最重的一件。出土时内置镂空金漏匕一件，匕面镂空成变异的龙纹。经检测，漏匕的含金量为87.45%，含银量12.55%。

金杯

高10.65cm　底径6.3cm　重789.93g

　　金杯是酒器，历经2000年依然金光灿灿，它的含金量可参考金漏匕的含金量。

曾侯乙　053

龙凤双飞注肴馔

彩漆木雕龙凤纹盖豆

左，高24.3cm　口长径20.8cm
右，高28.3cm　口长径21.6cm

　　漆盖豆是用来盛放腌菜、肉酱等调味品的器皿。
　　周代贵族在日常生活中普遍使用漆器。曾侯乙的时代漆器的种类和数量急剧增多，工艺更加精致，纹饰更加繁缛。由于曾侯乙墓地处我国南方，气候湿润、地下水位高，因此出土漆器数量较多，保存更为完好。这两件近似的漆盖豆均出自曾侯乙墓的东室。

餐餐须有猛兽擎

透雕漆禁

高52cm　面长宽均55cm　底座长宽均41.8cm

　　先秦时期，禁用来盛放酒器等。那时，因为周人吸取了商末君王嗜酒亡国的教训，发布了中国最早的禁酒令，规定国人只能在祭祀时才能饮酒。因此，"酒禁"的寓意是"禁酒"——以酒为戒。

　　在楚墓中随葬的壶、禁多为青铜器，常见成双成对的壶置于禁上，这正是当时双壶双酒礼制的最好注脚，说明楚人在礼仪活动中遵从周制。

　　这件透雕的漆木禁是罕见的艺术珍品，禁面由整块厚木板雕凿而成，阴刻云纹并加朱绘；四角各浮雕两龙，四腿圆雕成兽形；禁座上绘有云纹、草叶纹，兽形禁足绘有鳞纹和涡纹；全身以黑漆为地，朱绘花纹。

龙纹铜镇

径11.8cm　高8cm　重1.25kg

　　古人席地而坐，为防止所坐的席折角卷边，使其保持平展，因此四角置放"压镇"。《论语》记有"席不正不坐"。
　　古人为了美观将压镇削成精美造型，有动物型、山峰型、人物型等，质地以铜居多，还有石、玉、骨、牙、铁等，是生活中常见的实用品，《楚辞·湘夫人》记有"白玉兮为镇"。
　　镇从用途上分类，压席四角的称"席镇"、压帐角称"压帐"、压博棋四角称"博镇"、车上用镇称"车镇"等。至今，各地出土的许多形式不同的压镇，无论是雕刻工技艺还是使用价值，都可堪称我国古代实用艺术的珍品。

镇定安然随处坐

金镇（2件）

高2.8cm　直径9.5cm　重327.65g

这两件金镇的镇顶有环钮。器身饰变形龙纹、重环纹、变形龙凤纹、云纹等。

铜熏

高42.8cm　重2kg

　　铜熏用于燃熏香料、香草以散发香味，该器在考古发现中是第一次出现。

　　这件铜熏整体朴素无纹，上部为蒜头形罩，罩着一个矮足圆盘，出土时内壁有烟熏过的痕迹。

暗香浮动月黄昏

镂空铜熏

高16.2cm　直径8.1cm　重0.54kg

　　这件铜熏也是用于疏发香料气味的器物，在南方战国墓中常见。

曾侯乙　057

红兽偷闻五谷香

浮雕兽面纹漆木案

高44.5cm　长137.5cm　宽53.8cm

这件木案的案面浮雕兽面纹，案腿为鸟形。补纹饰。目前保存较完整的一件先秦漆案。

禁与案都是承物之器，最初一种放置酒器，一种放置食器，到了汉代合二为一。

小知识：案

"案"的本义为上食物时用的有足木盘。如"举案齐眉"，如鲍照《拟行路难》："对案不能食，拔剑击柱长叹息。"后引申指长方形条桌。如"几案"。又引申指架起来代替桌子的长木板。如"肉案""案板"。官府的文书放在奏案上，引申指处理公事或记录事件的材料、文书等。如刘禹锡《陋室铭》："无丝竹之乱耳，无案牍之劳形。"

飞觞醉月有佳咏

素漆耳杯

高4.7cm 口长15.8cm 宽11.4cm

耳杯是战国漆器中十分流行的一种酒器,由于在器身两侧设有便于用双手端取杯的部分,形如两耳,所以叫"耳杯"。又因它的两只耳朵像鸟的双翼,也称其为"羽觞"(shāng)。觞是羽觞的简称,后又成了所有酒杯的通称。

曾侯乙墓的酒具箱内共装有16件耳杯,杯耳耳背有防止叠损的小木钉。

兽形钮盖鼎／铜盒

鼎,高26.3cm 重5.9kg
盒,高11.8cm 口径25cm 重1kg

佩饰琼瑶

周代贵族佩饰以玉为主，象征权力地位，彰显君子美德。贵族身份越高，佩玉所用玉器就越多。曾侯乙墓中所出如十六节龙凤玉挂饰、玉龙佩等器代表了当时玉器工艺的最高水准。墓中出土的精美纺织品证明了曾侯乙时代已有纱、绢、绣、锦四种丝织品，是当时纺织技术的代表。

金钩玉带为谁宽

鹅首形涡纹玉带钩（2件）

长6cm 高2cm
最大径0.8cm 长5.2cm 宽1.9cm

带钩是用于挂钩束腰的革带。

金带钩（2件）

高4.4cm 宽1.6cm
高4.4cm 宽1.6cm

深衣左右双璜声

玉璜（huáng），形如半璧，是一种佩戴饰物。在中国古代与玉琮（cóng）、玉璧、玉圭、玉璋、玉琥等，都是"六器礼天地四方"的玉礼器。

璜与其他玉器可以组成杂佩，即组玉佩。杂佩一般分挂于腰带左右侧，贵族行走时保持步伐稳重、仪态优雅，杂佩相碰发出的声音和谐悦耳，尽显贵族风范。

曾侯乙墓出土了多件玉器，其中，玉璜有谷纹、云纹、透雕、素面等多种工艺。

谷纹是古代玉器上的一种纹饰，形如倒写的字母e，最早出现在春秋时期的玉器中，到战国时期发展为逗号字样，如同圈着尾巴的蝌蚪，因此俗称蝌蚪纹。谷纹像是谷物发芽叶的样子，是农耕文明发展的产物，象征着万物苏醒，生机勃勃的景象和人们对农业丰收的盼望。

谷纹玉璜
长14cm　高6.7cm

云纹玉璜
长13.6cm　高5.9cm

透雕龙纹玉璜
长15cm　宽4.7cm　高7.2cm

金缕玉璜
长11.8cm　宽2.8cm

悄然玉佩过殿堂

四节龙凤玉佩

四节龙凤玉佩由一块玉料雕琢成可以活动卷折的4节，共雕刻出7条卷龙、4只凤鸟和4条蛇。此器出自墓主腹部，器形与其他玉佩不同，可能是单独佩戴的。

十六节龙凤玉挂饰

长48cm

十六节龙凤玉挂饰用5块玉料雕成，由3个玉环和1根玉销钉联成可以活动卷折的16节。全器玲珑剔透，整体为一条龙，其上又运用透雕、浮雕、阴刻等技法雕出龙、凤和蛇的形象，并饰有谷纹、云纹、斜线纹，为迄今所见最精美的周代玉器。因出土时靠近墓主人的头部，推测其可能为帽子上的装饰品。

常羡人间佩玉郎

君子如玉剑如虹

玉剑

长33.6cm　宽5.1cm

　　这把玉剑是装饰品。全器分为5节,用金属连接,不可活动折卷。

　　战国时虽已出现装在铜剑上的玉质剑饰,但未像此剑通体用玉,这是所见中国最早、最完整的玉剑。

　　玉剑饰是指镶嵌在佩剑上的剑首、剑格、剑璏(zhì)和剑珌(bì)。镶玉佩剑称玉具剑,除显示财富之外,也是贵族身份和礼仪用器。

玉首铜刀

长22.3cm

　　这件铜刀出自主棺内棺中,位于墓主腰腹之间。刀身、刀柄为青铜,刀环首为青玉。玉环呈圆角长方形,四角各有一透雕的龙首,阴刻窃曲纹(一个横置的、上下皆曲的S形)。

蜻蜓眼玻璃珠一组

直径1.3～2.3cm

　　蜻蜓眼玻璃珠是以眼睛图案作为装饰的玻璃珠，类似蜻蜓的复眼，玻璃又称琉璃。制作时，在珠体上嵌入不同颜色的玻璃，或在珠体上造出凸出表面的"鼓眼"。

　　世界上发现最早的蜻蜓眼玻璃珠出现于古埃及第十八王朝（前1550—前1307年）。曾侯乙墓出土的蜻蜓眼玻璃珠属于钠钙玻璃，推测由西方输入。文献中与和氏璧并称的"随侯之珠"可能指的就是这种玻璃珠。

蜻蜓眼波琉璃闪

第四单元
民祀唯房

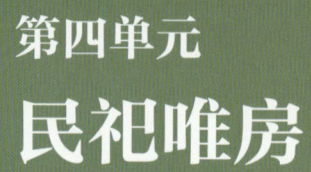

务农重本，国之大纲。农时指导着传统农业生产，观察天象、确定农时、祈求丰收是古代国君最为关心的国事之一。《二十八宿（xiù）图》衣箱上绘制的星空是曾侯乙时代天文学智慧的体现。《弋射图》衣箱上特意书写"民祀唯房"，表明曾侯乙祭祀百姓崇拜的房宿，它是保佑农业生产的农祥星。这些图案与文字是当时"以民为重"观念的写照。

二十八宿图示意图

星星点点照衣装

《二十八宿图》衣箱

高40.5cm　长71cm　宽47cm

衣箱用于收藏衣物。它的表面以黑漆为地，红漆彩绘各类星象花纹。

二十八宿是人们观测日月五星运动的坐标。日出日落是地球的公转和自转给我们造成的错觉，这种现象叫作"视运动"。太阳在一年里的视运动所"走过"的轨迹叫"黄道"。为了描述日、月和金、木、水、火、土五星的视运动的位置，古人把黄道及其附近的恒星划分成了28个面积不等的区域作为观测坐标，这就是二十八宿。

这件衣箱盖的中央写着一个篆书的"斗"字，象征北斗七星，环绕"斗"字书写着二十八星宿星名，两边分别绘有龙与虎的图像。"斗"字通过笔画延长线与二十八宿相连来体现二者的互动关系。通过研究这种互动关系，有学者认为这幅图描绘的是公元前433农历大年初三傍晚的天象。根据推算，这一天正是初吉之日，国君可以举行籍田礼，劝耕务农。

二十八宿的个别名称最早见于殷墟卜辞，全部名称的记载则见于成书战国晚期的《吕氏春秋》。这幅二十八宿图说明在战国初期，我国已形成二十八宿体系，并有与北斗配合使用的鲜明特点。

翩翩飞鸟相与望

《弋（yì）射图》衣箱
高37cm　长69cm　宽49cm

这件衣箱同样用于收藏衣物。它的盖面上描绘了古人弋射的情景。

弋射是指周代贵族使用弓箭猎取飞鸟，衣箱的盖面绘制了两幅弋射图，其边缘还绘有两条反向互相缠绕的双首人面蛇（枝头蛇），可能是传说里的伏羲和女娲。箱面另有漆书20字："民祀唯房，日辰于维，兴岁之驷，所尚若陈，琴瑟常和。"意为民间祭祀房宿（天驷星），可风调雨顺。

房宿除了叫天驷星，还叫农祥星，它与农事有一种天然的联系。

从《二十八星宿》和《弋射图》衣箱的描绘主题，可以看出一个共同特点，人们都在兴岁之时（即立春前后）为了祈求丰收而祭祀房宿（天驷星），表达了以农为本的古人盼望春回大地，万物复苏，开始一年的播种，祈求五谷丰登。

小知识：星宿与星座

　　星座和星宿的主要区别是划分国家不同，十二星座是西方占星学上的划分，二十八星宿是中国古代天文学家为观测日、月、五星运行而划分的二十八个星区，是我国本土天文学创作。

　　十二星座即黄道十二宫，太阳在天球上经过黄道的十二个区域，包括白羊座、金牛座、双子座等。二十八星宿，将南中天的恒星分为二十八群，沿黄道或天球赤道所分布的一圈星宿可根据目前的文献，分为四组，每组各有七个星宿，称为四象。

　　二十八宿的体系最早可以追溯到商周初期，在春秋战国时期已经完备了。有关二十八宿及四象的记载，最早见于战国初期曾侯乙墓漆箱，上面首次记录了完整的二十八宿的名称，其在天文学史上的地位相当重要。

第五单元
车马仪仗

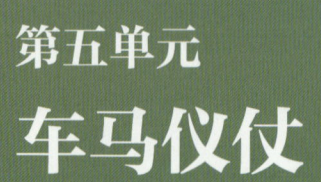

《左传》称"国之大事,在祀与戎",即国家的大事情,在于祭祀和战争。

车马兵器是周代国力的标志,也是所有者身份等级的象征。曾侯乙拥有数量庞大的兵器、车马器,"五兵"俱全、制作精良,体现了当时最先进的装备制造技术。其中不少未开刃的兵器用于仪仗或祭祀乐舞中的战争场面。

车马器

曾侯乙时代车马器制造技术大为提升，结构精巧，配件标准，工艺精湛。墓中出土的错金银青铜车马器和彩绘马甲胄（zhòu）体现了其主人高贵的身份，极具攻击性的矛状车軎（wèi）为考古出土所仅见。

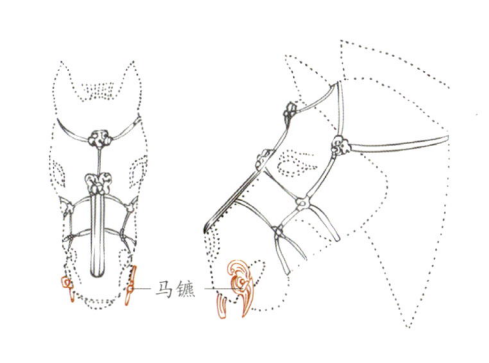

车马不喧两千载

马衔（xián）／马镳（biāo）

长 18～23.7cm

马衔和马镳都是驭马用器。明代李时珍《本草纲目·金石—诸铁器》："马衔，即马勒口铁也。"

曾侯乙墓中出土的马衔和马镳全部出自东室。马衔为青铜铸制，马镳多用骨角制作，出土的数量均为38件（对），与遣策所记随葬马车数量吻合。

遣策是古人在丧葬活动中记录随葬物品的清单，以简牍为主要书写材料。

车马驱驰寒山道

多棱形铜车軎（wèi）

高8.6cm　底径8.9cm

车軎，古时用来固定车轴的轴头，形如圆筒，套在车轮两个轴端，上面有孔，用以纳辖。车軎一般用金属制作。

在先秦墓葬中常以一对车軎代表一辆马车陪葬。曾侯乙墓中共出土车軎76对，有多棱形、圆形等。

矛状铜车軎

高41.4cm

  这件矛状铜车軎，加装在战车轴端上，使战车在行驶的过程中可杀伤近车之敌。

  在研究中，专家们复原了带有矛头车軎的战车，并且还特意做了一次实验。首先，专家们准备了一大截猪肉挂在架子上，然后让战车以每小时15公里的速度行驶，刚好让车軎上的矛头对准猪肉，结果发现毫不费力猪肉就被割成了两半。随后，专家们将战车速度提高到每小时30公里，矛头切割猪腿的时候也一刀就断。

  所以史料中说，用战车冲锋所向披靡，势不可当，上有士兵万箭齐发，下有车軎长矛拦腿折断，光论气势就已经赢了一半。

兵器

曾侯乙墓所见的兵器种类繁多、数量庞大，其中"殳"（shū）和多戈戟是考古发现中少见甚至仅见的兵器。许多兵器上的铭文显示其曾为曾侯乙先辈所有。

戈，古代兵器，横刃，用青铜或铁制成，装有长柄。曾侯乙墓中出土各式的戈，戈头通长从十几到三十厘米不等。

曾侯乙之走戈

戈头长19.8～23.7cm

曾侯邼（yuè）乍持铜戈

戈头长22cm

小知识：周代五兵

周代战车上通常装备五种兵器，即"车之五兵"，可用于战争及诸侯的朝见、盟会、葬礼等场合。

1.酋矛：是矛杆较短的兵器，为周代五兵之首。

2.夷矛：是矛杆〔柲（bì）〕较长的兵器，用于车战。所谓"夷"，是夷灭敌人之意。曾侯乙墓共出土各式矛49件。

3.戈：勾啄兵器。

4.戟（jǐ）：由多件戈所组成，兼有勾、啄、刺、割四种功能。部分戟为戈矛合体。曾侯乙墓共出土各式戟30柄，其中带刺三戈戟3件。

5.殳（shū）：刺兵。一种叫锐殳，殳头呈三棱刮刀形；另一种叫晋殳（shū），以呈铜套状的镦（zūn）安装于柲两端，用于仪仗或在战车上作旗杆之用。曾侯乙墓分别出土殳7件，晋殳14件。

车错毂兮短兵接

长柲（bì）三戈戟

长2.98m　柲直径2.6cm

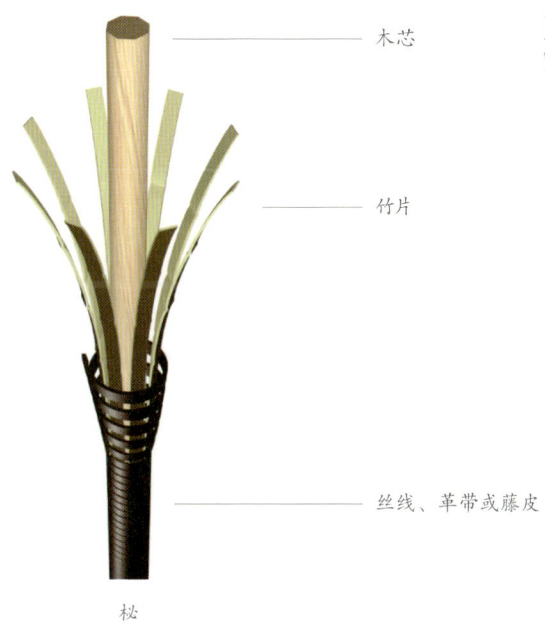

木芯

竹片

丝线、革带或藤皮

柲

小知识：积竹木柲

　　柲是指戈、戟、矛等古代兵器的柄部。它以木杆为芯，外贴竹片，再以丝线、革带或藤皮缠绕髹（xiū）漆制成。这种复合材料制作成的兵器杆，刚柔相济，平滑坚韧，不易折断，利于车战。

曾侯乙　075

戈戟云横数百年

戟,是戈和矛的合体,在长柄的一端装有青铜或铁制成的枪尖,旁边附有月牙形锋刃,是既能直刺,又能横击,具有勾斫(zhuó)和刺击双重功能的格斗兵器。

错金曾侯乙之用戟

长15.6～25.4cm

无刺三戈戟,铜戟头上、下两件戈有错金鸟篆铭文"曾侯乙之用戟"七字。

"曾"字徽记临摹图

"曾"字徽记三戈戟

上戈长24.4cm
中戈长17.3cm
下戈长16.5cm

无刺三戈戟。三件戈上均有"曾侯乙之用戟"七字铭文,最上一件戈内后部阴刻由龙与兽组成的"曾"字徽记。

长柄铜矛〔柲（bì）为复制〕

柲长350cm

矛头长11～12.8cm

銎（qióng）直径1.7～1.8cm

　　矛，用来刺杀敌人的进攻性武器。在曾侯乙墓中，这种长柄铜矛共出土20件。銎，原指斧子上安柄的孔。

长戈利矛日可麾

丈夫执殳为王驱

曾侯乙之用殳（shū）

殳头长17.7～17.9cm

殳，多用竹或木制成，有棱无刃，有的在顶端装上刺球和矛。

这件殳头呈三棱刮刀形，自名为"殳"，首次解决了殳的形制问题。

铜镞（zú）

长3～66cm

曾侯乙墓共出土55件弓，除1件单体弓外，其余都是复合弓。复合弓由3块木片叠合而成。在长弓片的叠合处，另叠加短弓片形成弓弣（fǔ），即手持弓处，并以丝线缠绕加固。弓的两端装有角质弓弭（mǐ），弓弭上的挂弦沟槽清晰可见。这种复合弓为反曲弓。挂弦时，须将弓弧度反过来，以加大张力。

墓中共出土青铜箭镞4507件。箭镞形制多种多样，很多箭镞有倒刺，以三倒刺和六倒刺居多，多者达到九个。

带杆箭，由箭镞和箭杆两部分构成，箭镞为青铜制作，箭杆取材箭竹，杆连镞通长67～71厘米。出土时，部分箭杆保存完好，约50支成捆放置。

须凭弓箭得功名

第六单元
永持用享

曾侯乙墓是一座精心打造的地下宫殿。墓中的四个椁（guǒ）室，分别对应着其生前的庙堂、寝宫、后宫与仓库，陈列着他拥有的钟鼎彝（yí）器、车舆（yú）美食，寄托了他永世享用的期望。《墨子·节葬下》记载："此存乎王宫大人有丧者，曰棺椁必重，埋葬必厚，衣衾必多，文绣必繁，丘陇必巨……"由此可见，王宫大人有丧事，随葬必定十分丰富。

削简墨书以为证

墨书竹简

长约75cm

曾侯乙墓竹简是目前所见时代最早的竹简实物。曾侯乙墓竹简出自北室，共240枚，6696字。简文墨书，出土时字迹清晰。

简文详细记载了用于葬仪的车马兵甲，包括车名、马名、御者及其官职、车构件与配件、马用器具、车与马的配驾的种类与数量、兵器与甲胄的配置等内容以及随葬木俑等其他物品的情况。其中可以显示不少楚国贵族为曾侯乙下葬赠送了车马，是古代赠赙（fù）制度（赠礼治丧）、车马制度的实例。

玉首铜削刀

长28.6cm

铜削刀是文书用具，用于削去竹简上的墨书错误。曾侯乙墓东室共出土4件削刀，分散于东室中部。

此件柄与玉环钮连接处作龙首形，龙首上镶嵌绿松石，玉环两面雕刻云纹。

埋金葬玉伴永生

云纹玉璧
直径8cm　孔径3.4cm

玉握（2件）
高4.8cm　下端直径2.1cm

玉琀（18件）

　　用于丧葬的玉握、玉塞、玉琀等统称为葬玉。曾侯乙墓葬玉出自内棺及内、外棺之间。古人认为玉可防腐，与再生观念紧密相连。

　　玉握，是死者手中握着的玉器。古人认为死时不能空手而去，要握着财富和权力。

　　玉塞，是填塞或遮盖死者身上九窍的九件玉器，即：眼塞（眼帘）2件、鼻塞2件、耳塞2件、口塞1件、肛门塞1件、生殖器塞1件。

　　玉琀，是放在死者口中的玉器。

事定犹须待阖棺

主棺外棺

长320cm 宽210cm 高219cm

主棺出土于东室。外棺以青铜为框架，上下及壁板用木板嵌装，外表施彩，重约3.2吨。外表以黑漆为地，绘有绚丽的朱色和黄色花纹，共20组。整个内壁髹（xiū）朱漆。这种形式的铜木构件彩绘漆棺为首次发现，是目前为止我国最大的一件出土漆器。

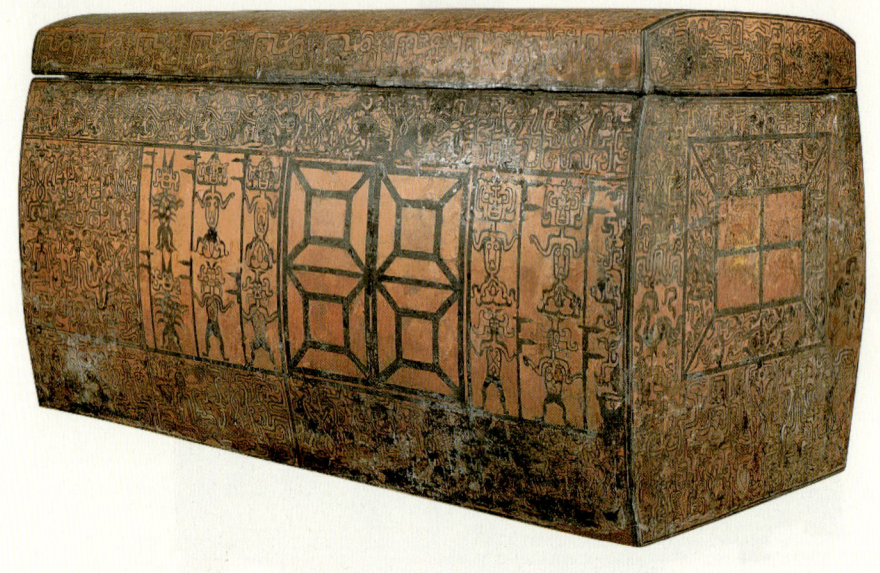

主棺内棺

长290cm　宽160cm　高190cm

内棺出土时置于外棺内，木结构，用巨板榫（sǔn）接而成。周身髹漆并饰以735条龙蛇，各种动物142只，神人神兽武士20个。内壁髹朱漆。

铜鹿角立鹤

高143.5cm 重38.4kg

　　中国古代视鹤、鹿为神鸟、瑞兽。此件器物为鹤、鹿合体，是一种想象的吉祥动物形象。

　　全器造型别致，除双翅焊于腹部，鹤身、鹤腿、鹿角、底板四部分均可拆卸组装。头、颈与鹿角均错金装饰，背脊与双翅周边镶嵌绿松石（已失），吻部右侧有"曾侯乙作持用终"七字铭文。

　　此件出土时置于主棺东侧，意在祈求以瑞鹤作为沟通人、神的媒介，引导曾侯乙灵魂升仙。

九天仙山鹤鹿鸣

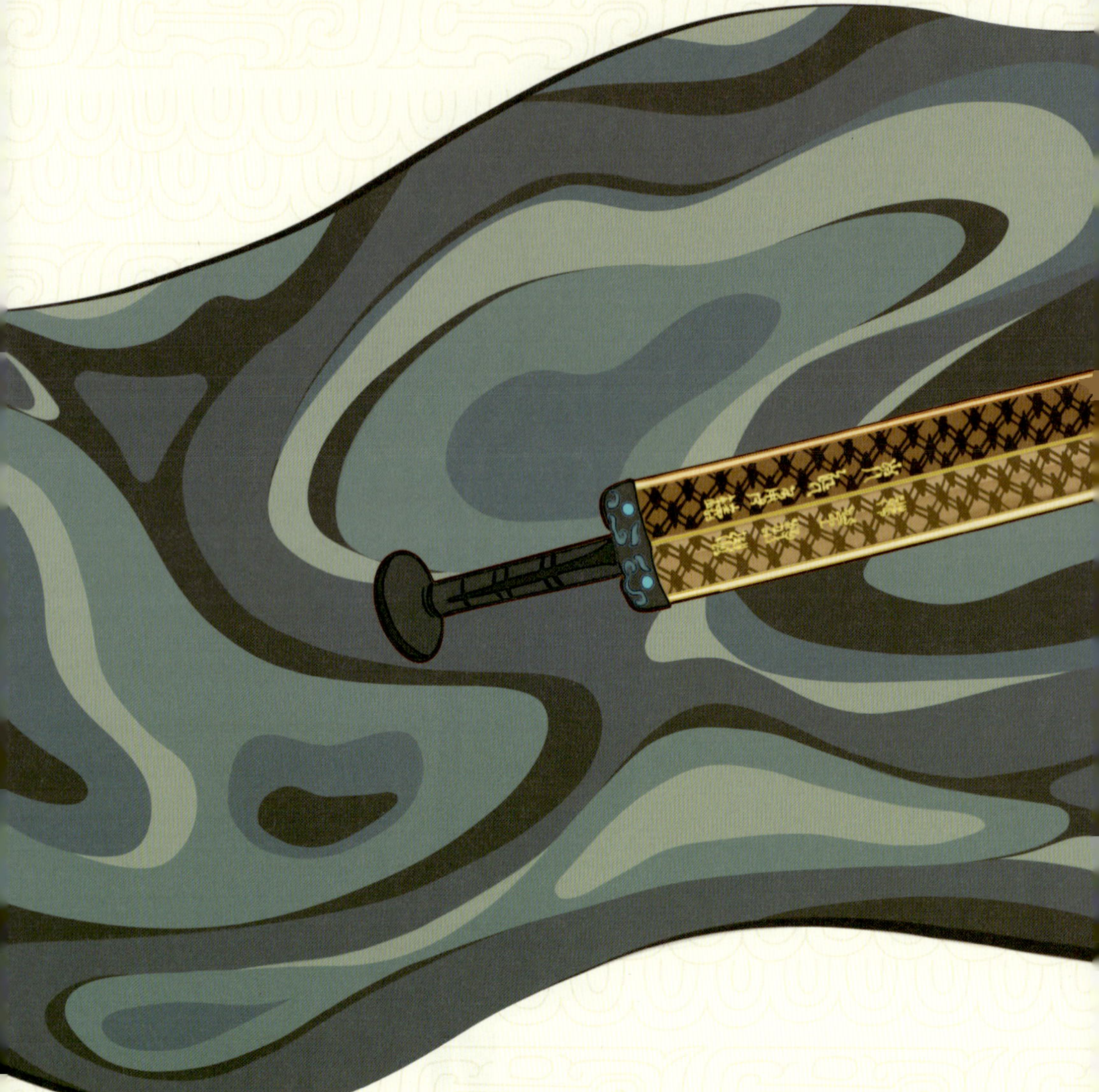

越王勾践剑

　　越王勾践剑纹饰华美，锋利无比，集中体现了春秋战国时期发达的科技、艺术水平。
　　那么，越王勾践剑是如何被发现的？它为什么能够千年不锈？又是如何流入楚国的呢？……

第一单元
惊世发现

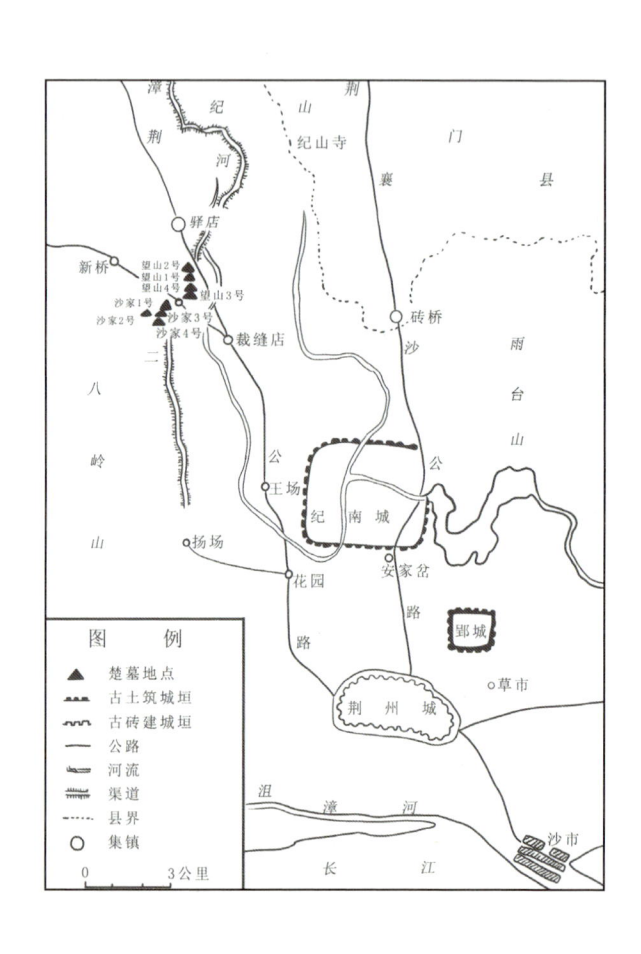

1965年冬，考古工作者在湖北江陵望山1号墓发现了越王勾践剑。此剑一出土，立即引起世人关注。望山1号墓的形制、随葬器物以及剑身铭文，为我们解开了越王勾践剑的诸多谜团。

墓葬情况

望山楚墓是楚郢（yǐng）都纪南城外重要的楚墓之一，在今湖北省江陵县裁缝乡境内。望山1号墓为典型的楚墓，随葬品丰富精美。根据墓葬形制、随葬器物的器型与组合以及出土竹简的文字信息，可知墓主为战国中期的楚国贵族悼固，他是楚悼王的后裔，主要生活在战国中期楚威王（前339—前329年在位）时期。

望山1号墓是竖穴土坑木椁（guǒ）墓，由封土堆、墓道、墓坑和墓室四部分构成。葬具为一椁二棺，均为厚木板构筑，结构严密。椁室分为头箱、边箱和棺室，随葬器物分置于其内。葬式为仰身直肢葬，骨架保存较好。经医学鉴定，墓主性别为男性，年龄25～30岁。

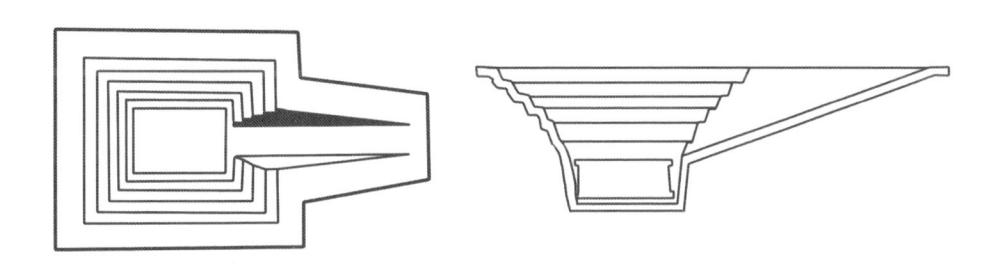

望山1号墓平、纵剖面图

小知识：棺与椁

现代人往往棺椁并称，其实棺、椁不同，棺一般指棺材，椁指棺材外面的套棺。棺小椁大，按文献记载，棺盛放尸体，椁则周于棺外，多会放置一些随葬品，而棺内则一般不放或少放，所以棺和椁之间通常要留有一定的空隙。棺椁也是有等级说法的，《庄子》是这样记载的："天子棺椁七重，诸侯五重，大夫三重，士再重。"而《礼记》记载"天子之棺四重"。其他文献也有记载，说法不大一样。

随葬器物

望山1号墓随葬器物保存较好，器类十分丰富，共计783件。按其质料可分为陶、铜、漆、木、竹、铁、铅、锡、玉、石、骨、皮、丝织物，以及动物遗骸与植物等。按用途可分为生活用具、乐器、兵器、车马器、服饰、文书工具与竹简等。主要置于头箱、边箱，少数置于棺内，越王勾践剑即出于内棺。

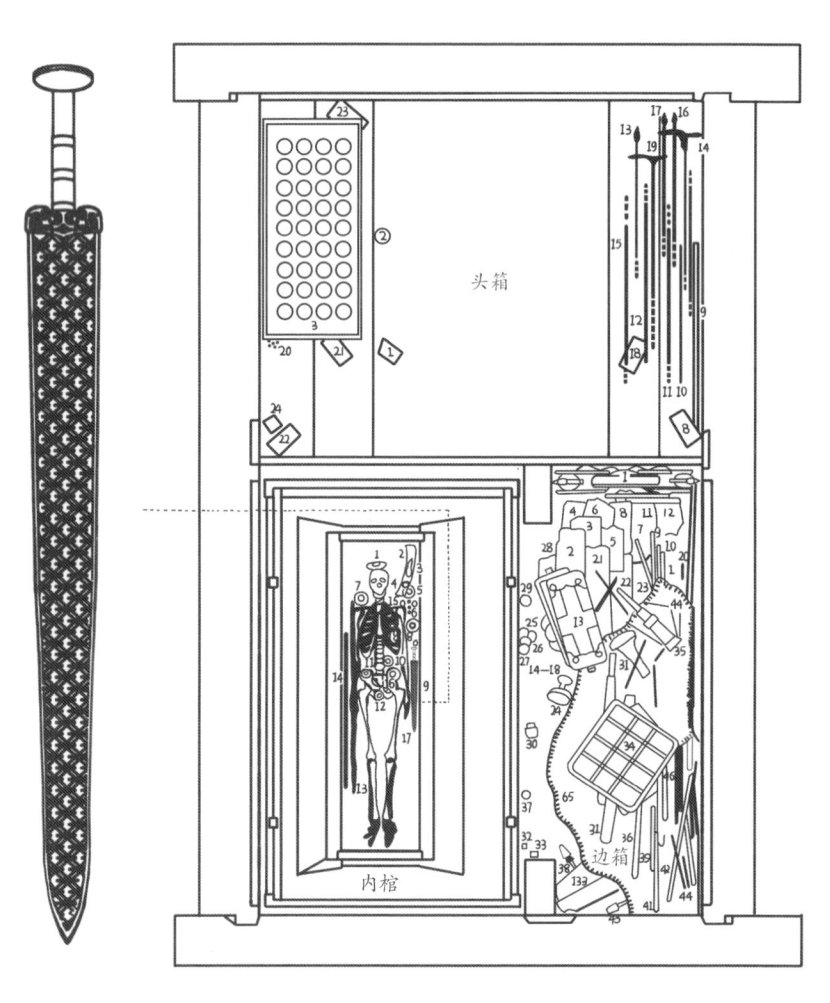

望山1号墓头箱、边箱第一层与棺室器物分布图

头箱：1、8、18、21～23.竹笥；2.漆豆；3.漆案；14、19.铜戈；13、15～17.铜矛。

边箱：1.虎座鸟架悬鼓；2～6、8、11、12.漆盾；13.漆酒具盒；14～18.漆耳杯；24.漆豆；34.竹笥（sì）；44.竹筒。

内棺：1、7、8、10～12、18.玉环；2.错金银铁带钩；3.骨珠；4、6.骨韘（shè）；6、16.玉瑗（yuàn）；9.越王勾践剑；13.漆木弓；14.铜镞；15.陶珠；17.铜削。

剑主考证

剑身的8字铭文是确认剑主的依据。此剑铭文的字体被称为"鸟虫书"。参与发掘的方壮猷先生初步解读出"越王"和"自作用剑"6字，推断这是某位越王的佩剑。多位著名历史学家、考古学家、古文字学家经过两个多月对铭文的释读和书信研讨，终于确定这柄剑的主人就是越王勾践。

第二单元
剑中王者

春秋战国时期，吴越青铜剑天下驰名。越王勾践剑采用了高超的铸造和装饰工艺，历经千年不锈。它是一件具有特殊价值的证物，它以其突出的工艺价值，不仅见证了越国的兴盛与衰亡，也成为显示越人绝世才智与精湛工艺的杰出代表。

百兵之君

剑是一种近距离格斗的短兵器，素有"百兵之君"的美称，由剑身和剑柄两部分组成。西周早期，中原地区开始出现青铜剑；春秋战国时期，剑的使用和铸造工艺得到极大发展。

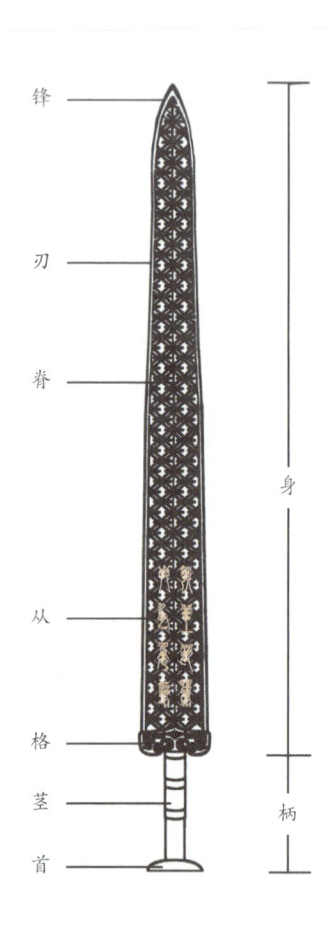

蚩尤作兵

古人认为蚩尤是刀剑戈戟等兵器的发明者或改进者,并将其作为兵神来祭祀。

葛卢之山发而出水,金从之,蚩尤受而制之,以为剑、铠、矛、戟。

——《管子·地数篇》

(秦始皇)行礼祠……兵主祠蚩尤。

——《史记·封禅书》

《蚩尤五兵》(山东嘉祥县武氏祠画像石,出自《中国画像石全集》)

吴越之剑

长江下游的吴国和越国,铸剑技术发达。文献记载吴越所出的铸剑师及利剑,闻名海内,考古发现也证明吴越剑流行于各诸侯国。

干将、莫邪与欧冶子

传说春秋晚期吴越著名的铸剑师有干将、莫邪、欧冶子等人。

(楚王问风胡子)曰:"寡人闻吴有干将。越有欧冶子……寡人愿赍(jī)邦之重宝……因吴王请此二人作铁剑,可乎?"……(欧冶子、干将)作为铁剑三枚……(楚王)大悦……晋郑王闻而求之,不得,兴师围楚之城,三年不解。

——《越绝书》

干将者,吴人也,与欧冶子同师,俱能为剑也……莫邪,干将之妻也……遂以成剑,阳曰干将,阴曰莫邪。

——《吴越春秋》

清代学者王念孙指出,干将、莫邪本用来形容剑的锋利,后来演化为名剑的称谓,汉代又传为铸剑师名。近来有学者认为,"干"即吴,"将"指剑匠,"干将"即吴国剑匠,"欧冶"是"越国冶工"的意思。说明吴越工匠制造的宝剑声名远扬,甚至成为利剑的代名词。

《季札挂剑》（山东嘉祥宋山出土汉画像石，出自《中国画像石全集》）

季札挂剑

　　季札是春秋时吴王寿梦的小儿子。公元前544年，他受命出使中原各国。途经徐国，徐国国君见到季札所佩宝剑，面露喜欢的神色。因为要出使他国，季札没有把剑献给徐君。在他返程路过徐国时，徐君已经去世。为了履行心中的许诺，季札就解下宝剑，系在徐君墓旁树上而去。

　　季札挂剑反映出佩剑是贵族的礼仪要求，也说明吴国宝剑制作精良，深受各国喜爱。

吴越有铭青铜剑

　　文献著录与考古发现的吴越有铭青铜剑，吴国将近40件，越国超过70件。铭文显示剑主多为王室成员。

姑发𧌒（zhě）反剑

　　1959年安徽淮南蔡家岗出土。脊两侧有铭文35字，显示此剑属于"工𨟠（yú）大子姑发𧌒反"，"工𨟠"就是吴国，"大子"即太子，"姑发𧌒反"即吴王诸樊。诸樊公元前560—前548年在位，此剑是他为太子时所作，时间应略早于公元前560年。

吴王光剑

1964年山西原平峙峪出土。近剑格处有铭文8字:"攻敔王光自作用剑"。"攻敔王光"即吴王光,也就是吴王阖闾,"春秋五霸"之一,约公元前514—前496年在位。

越王州勾剑

1973年湖北江陵藤店1号楚墓出土。剑身有"越王州勾自作用剑"铭文。越王州勾剑目前发现20余把。州勾即《竹书纪年》中的越王朱勾,《史记·越王勾践世家》作"翁",越王不寿之子,约公元前448—前412年在位。

越王者旨於睗(yū shì)剑

剑格两面有铭文8字:越王越王,者旨於睗。"者旨於睗"是越王勾践的儿子,文献中作"鼫(shí)与""鹿郢""与夷"等,约公元前464—前459年在位。

楚墓出土遣策中记载的越国剑

1953年7月发掘的湖南长沙仰天湖25号战国楚墓,墓主为大夫级贵族,墓内出土了43枚竹简,内容为记录随葬器物的遣策。其中23号简记随葬一件"越锗剑",即越国所作之剑。该墓被盗,但出一柄带鞘铜剑,可能就是遣策所记"越锗剑"。这柄剑出土时"刃极锋利,还可以削木切纸"。

精湛工艺

越王勾践剑的青铜冶铸加工工艺，主要体现在剑体的铸造、磨削，铭文的制作，剑首同心圆成型，剑格的绿松石与玻璃加工和镶嵌方法等方面。

菱格形纹饰

春秋战国时期，吴越青铜兵器常见菱格形纹饰。

越王勾践剑剑身饰有双线花纹，交叉处有边缘不规则的云纹双层花朵，呈暗灰色，比剑身表面略低。

春秋战国时期吴越青铜兵器常见的菱格形纹

打磨开刃

根据金相组织的显微镜观察，剑刃部分在菱形纹制作完成后，进行了打磨开刃，推测应采用了专业的机械化设备。

机械化设备推想图

剑身铭文

剑身的八字铭文，笔画圆润，宽度只有0.3～0.4毫米。

剑格镶嵌的玻璃

列格两面的凹槽中分别镶嵌着多块绿松石和玻璃，其中玻璃仅剩下两块，且一块缺损，玻璃呈浅蓝色，半透明，是钾钙硅酸盐玻璃。

同心圆剑首

剑首有薄壁同心圆凸棱，其槽底有凸出的绳纹，说明剑首同心圆应是铸造成型；薄壁同心圆凸棱的同心度相当高，表明其陶模或陶范的制造可能应用了类似轮制法成形工艺；剑首与剑茎表面色泽不同，弧间有铸造的痕迹，显示剑首系单独铸成。

剑首铸有11道同心圆，间距仅为0.2mm，同心圆剑首的显微平面图显示最薄的同心圆厚度仅为30μm，甚至比头发丝还细。

不锈之谜

越王勾践剑历经千年，保存仍然比较完好，主要有以下原因：

1.选材用料好，剑身铜质好，杂质少，制作工艺精良；

2.墓葬环境好，墓坑填青灰泥与白膏泥密封性好，棺椁坚固而严密，墓内环境稳定；

3.出土时带剑鞘。

第三单元
入楚之谜

　　越国是春秋战国时期重要的诸侯国，至勾践时国力达到鼎盛。越王勾践剑并未出于越国故土，却随葬在楚国贵族的墓中，应是越国赠给楚国的礼物。馈赠的原因，可能是楚昭王娶越王勾践之女，此剑作为陪嫁品流入楚国；也可能是勾践为了联楚抗吴，而将宝剑作为礼品送给楚王的。越王勾践剑是当时楚越关系的见证。

越国春秋

　　传说越人是禹的后裔，最初被分封在会稽。至春秋末年，强大起来的越国与吴国经常互相攻伐。公元前473年越王勾践灭掉吴国，并北上争雄，盛极一时。至越王无疆之时，楚威王大破越人，越国从此衰落。战国末期，越为秦所并。

越王勾践

　　越王勾践（？—前465年），又称菼（tǎn）执，越王允常之子，春秋末年越国国君。勾践三年（前494年），越与吴战于夫椒（今浙江绍兴北），勾践败守会稽山，被迫求和。返回国中后，勾践刻苦自励，重用范蠡（lí）、文种，使越国国力恢复，终于灭吴并成为诸侯霸主。

一剑千年贯长虹

越王勾践剑

春秋晚期
长55.7cm　宽4.6cm　柄长8.4cm
1965年湖北江陵望山1号墓出土

越王勾践剑放置在棺内人骨架左侧，剑身插在外髹（xiū）黑漆木胎的剑鞘内，保存完好。剑首呈盘形，剑柄中空呈圆柱形，其茎上残留着当时缠裹丝绳的痕迹，并刻三道戒箍（gū）。剑前锋内敛，内铸有极其精细的11道同心圆圈，刃口两度弧曲，锋利非常，两丛有血槽。剑身布满黑色菱形暗花纹，剑格两面分别用蓝色琉璃和绿松石镶嵌成美丽的花纹图案，剑身中间两面各有一道微凸的棱。剑身正面近格处有两行八个字的鸟篆铸铭文："越王鸠浅自作用剑。"字迹清晰，阴阳可辨。

曾世家——考古揭秘的曾国

　　曾侯乙墓等考古发现揭示出一个名不见经传的周代诸侯国曾国。它与文献中的随国疆域重合、年代一致、国力相当,由此引发了一系列困扰考古界的疑问:曾、随关系如何?曾国何时立国?曾国还有哪些国君?通过近年来的曾国考古发现,这些"曾国之谜"正被逐渐解开……

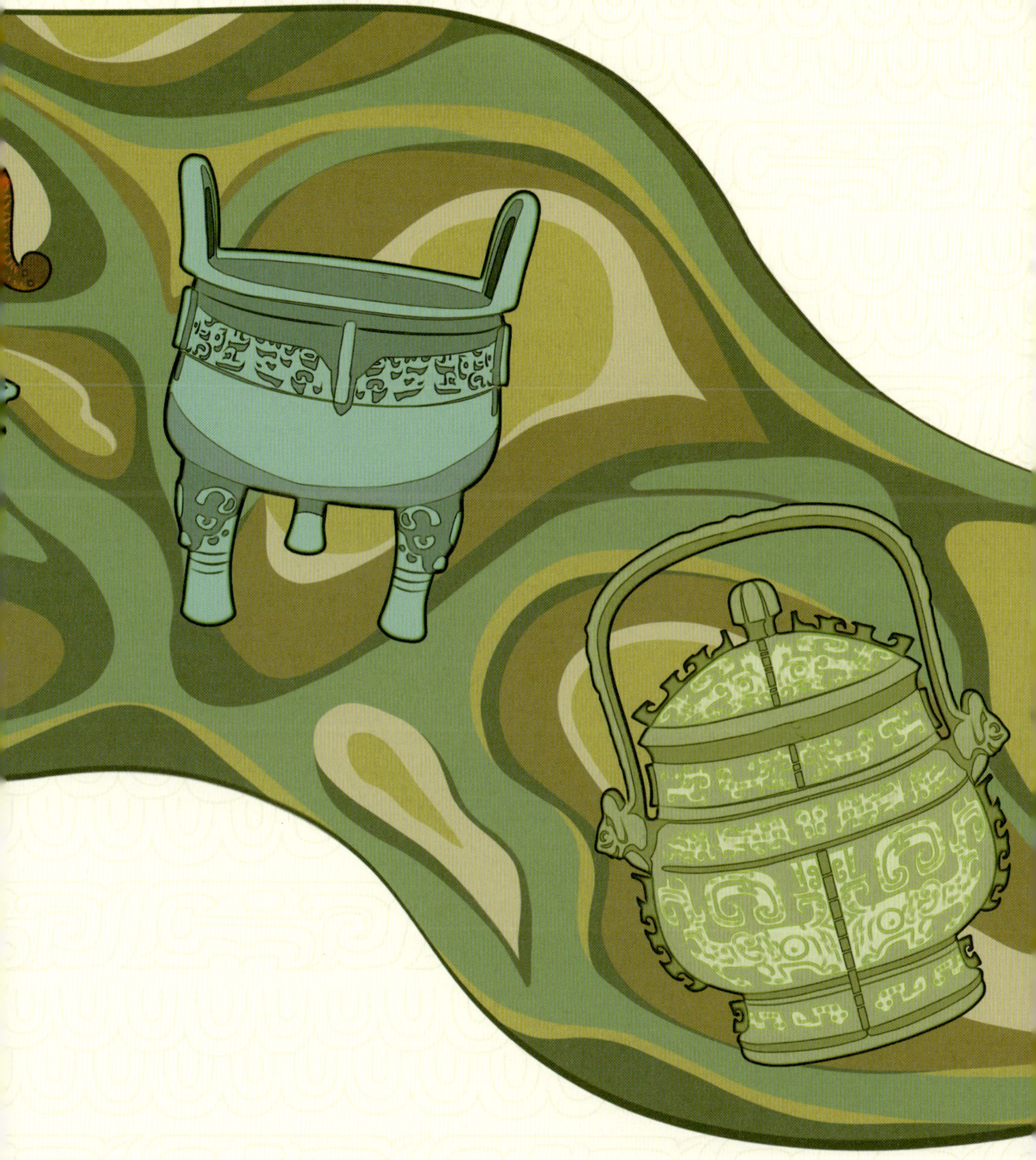

第一单元
曾随之谜：擂鼓墩

1978年，考古工作者在湖北省随县（今随州市区）擂鼓墩发现了举世闻名的曾侯乙墓（擂鼓墩1号墓），其墓主曾侯乙为2400多年前的曾国国君。1982年又在附近发现了擂鼓墩2号墓，墓主可能是曾侯乙夫人。这一不见于文献记载的曾国在地理位置上与文献中的随国吻合，曾国和随国的关系成为困扰世人的谜题。

楚王熊章镈（bó）

小知识：曾侯乙时代的曾和楚

楚国是战国时期南方最重要的诸侯国。《史记》记载，西周早期周成王封熊绎为子爵。楚国最初只是一个"土不过同"的小国，经过数百年不断扩张，到曾侯乙所处的战国早期，楚国已成为地方五千里、战车千乘、甲兵百万的南方强国。

楚惠王为去世的曾侯乙铸造了镈（bó）钟以示祭奠，曾国将镈钟悬挂于编钟下层正中间，随葬于曾侯乙墓，并铸铭文记录了楚王熊章于在位的第五十六年，为曾国国君曾侯乙制作了一套编钟，包括曾侯乙墓中发掘的楚王熊章镈，也包括宋代文献中所记载的楚王熊章钟，说明这一时期曾楚两国关系十分亲密。

小知识：发现曾侯乙墓

　　1977年9月，中国人民解放军武汉军区空军雷达修理所在驻地随县擂鼓墩东团坡扩建厂房时，发现了土层的异样。当时负责的王家贵、郑国贤等都是文物爱好者，他们立即停止施工，向上级文物部门汇报。1978年3月19日，时任湖北省博物馆副馆长兼文物考古队队长的谭维四率考古技术人员赶到现场，开始了曾侯乙墓的发掘。

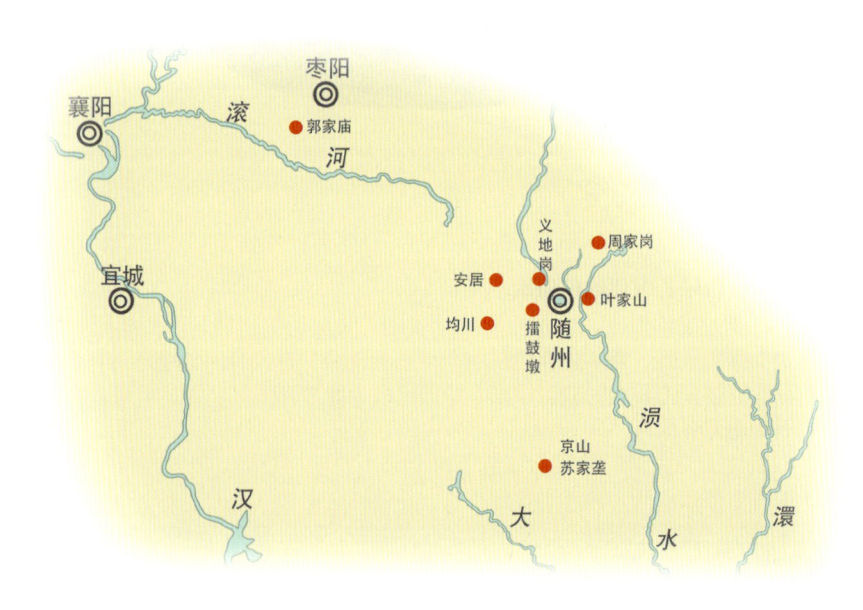

曾国遗址、墓葬分布

酒醉浓荫鱼鳞闪

曾仲斿（yóu）父铜壶

春秋早期
高66.7cm　口径23.1cm
宽16.3cm　重30.1kg
1966年湖北京山苏家垄出土

　　曾仲斿父壶出土两件，另一件现藏中国国家博物馆。本件器形厚重，呈椭方形。壶盖饰一周以镂空环带纹装饰的莲瓣，盖外壁饰窃曲纹。颈部设龙首耳，下附悬环。壶身饰三周环带纹，间以窃曲纹和空带。圈足以垂鳞纹为饰。壶身长颈垂腹，是典型的春秋早期形制。壶冠及颈内壁铸有铭文："曾仲斿父用吉金自作宝尊壶。"环带纹虽也为春秋早期所流行，但一般施加在圆壶上，作为方壶装饰较为罕见。

窃曲纹铜鼎（9件）

春秋早期
高18.7～32.7cm　口径23.1～28.2cm
1966年湖北京山苏家垄出土

　　列鼎是指形制与纹饰相同、大小相同或递减的一套鼎，用以标示贵族的等级。西周中晚期开始，贵族按照身份等级不同，使用奇数的鼎，并与偶数的簋（guǐ）配合。苏家垄所出九鼎证明这里埋葬着一位等级极高的贵族。

一世繁荣列九鼎

曾世家

高圈浅盘嚼龙肉

曾仲斿（yóu）父铜铺

春秋早期
高20.2cm　口径25.6cm
1966年湖北京山苏家垄出土

　　铺是西周中期新出现器型，与豆很相似。铺有三个昂著的特征：浅圆盘，大圈粗柄，镂空。铺被认为是装肉酱的食器。
　　此件铜铺盘子较浅，折腹，高圈足。圈足中间有一凸带，将镂空花纹分为上下两层。盘腹饰窃曲纹，盘内铸有铭文："曾仲斿父自作宝铺。"

龙纹象首满屋香

龙纹铜方甗（yǎn）

春秋早期
高52cm　口长36cm　口宽22.5cm
1966年湖北京山苏家垄出土

　　甗是食器。它的上半部分为甑（zèng），折沿斜壁，立着双耳，甑底榫圈套入鬲（lì）口，甑的底有24个长条箅（bì）孔，像我们现在的蒸笼。甑的身上饰有象首龙纹、窃曲纹。它的下半部分为鬲（lì），方形附耳，四蹄足，腹壁上饰有八个目形纹。

流水清清为盥漱

垂鳞纹铜盘／瓦纹铜匜（yí）

春秋早期

盘，高16.1cm　口径41.3cm

匜，高19.2cm　流口宽6.8cm

1966年湖北京山苏家垄出土

　　盘为水器，为盥洗用具，与匜配合使用。折沿，附双耳，浅腹，平底，三足。腹饰窃曲纹，圈足饰垂鳞纹，三足作兽首形。

　　匜为水器，器口呈瓢形，与盘合用，用匜倒水，用盘承接。此器前流后鋬（pàn），四足，鋬作兽首形，上腹饰窃曲纹一道，下腹饰瓦纹，三足作兽首形。腹部饰弦纹。

独角兽首曲水流

窃曲纹铜盉（hé）

春秋早期
高20.7 cm
口径11.6 cm
1966年湖北京山苏家垄出土

盉为水器，似今天人们使用的茶壶。此器圆口，颈部束起，斜肩，浅鼓腹，依据壶流，可分为直流壶和曲流壶，此器曲流处为独角兽首，独角双耳兽首鋬（pàn），四扁足亦作兽首形。流及鋬饰三角云纹，器身上部饰象首龙纹，器身下部饰窃曲纹。

宝簋万年子孙享

曾伯文铜簋（guǐ）

春秋早期
口径18.5 cm
高22 cm
1970年湖北随州均川熊家老塆出土

此器释文：唯曾伯文自作宝簋，用赐眉寿黄耇（gǒu），其万年子子孙孙永保用享。

小知识：均川熊家老塆

熊家老塆位于今湖北省随州市均川镇均水之北的山地与坡地之间。1970年、1972年两次出土曾国青铜器，有"曾伯文""曾仲大父""黄季"铭文。

垂鳞纹铜卣（yǒu）

春秋
器口径12cm×12.7cm
高33cm
1970年湖北随州均川熊家老塆出土

卣为古代盛酒器，口小腹大。此器的盖顶为垂鳞纹，与鳞纹相似，是青铜器纹饰之一。

口小腹大情谊长

黄季嬴铜鼎

春秋
口径31cm
高32.7cm
1972年湖北随州均川熊家老塆出土

此器铭文：黄季作季嬴宝鼎，其万年子孙永保用享。铭文说明此鼎是黄国的嬴姓女子为嫁到曾国所作的陪嫁品。同苏家垄黄朱柢铜鬲（lì）一起，都说明曾国和黄国在春秋早期关系密切。

嬴家女子作嫁妆

小知识：科学考古揭开曾国之谜

20世纪六七十年代，湖北地区出土了数量众多的高等级"曾"字铭文青铜器。然而，这些青铜器大都不是经科学考古发现的，缺少墓葬环境、器物位置关系等系统考古信息，无法使我们更深入地认识曾国。直到1978年曾侯乙墓的发现后，随着科学发掘的曾国遗迹不断增加，尤其是近10年来曾国考古的重要成果不断涌现，曾国之谜才逐渐被揭开。

第二单元
汉东大国：郭家庙

郭家庙位于湖北省枣阳市。2002年、2014年两次在这里发掘的曾国墓葬和附近的城址，证明郭家庙是西周晚期到春秋早期曾国的重要政治中心。郭家庙墓地发现的高等级墓葬及车马坑中出土的大量文物证实此时的曾国是国力强盛、文化发达的大国，与诸多汉水、淮河流域诸侯国来往密切。

汉东之国 曾为大

曾国考古遗存的分布证明，西周晚期到春秋早期曾国疆域广大。枣阳郭家庙墓地和周边城址的出土文物反映出曾国有着强大的国力和发达的文化，其文化面貌和中原基本一致。这一时期的曾国恰与《左传》中"汉东之国随为大"的记载相符。

曾侯铜戈仍锋芒

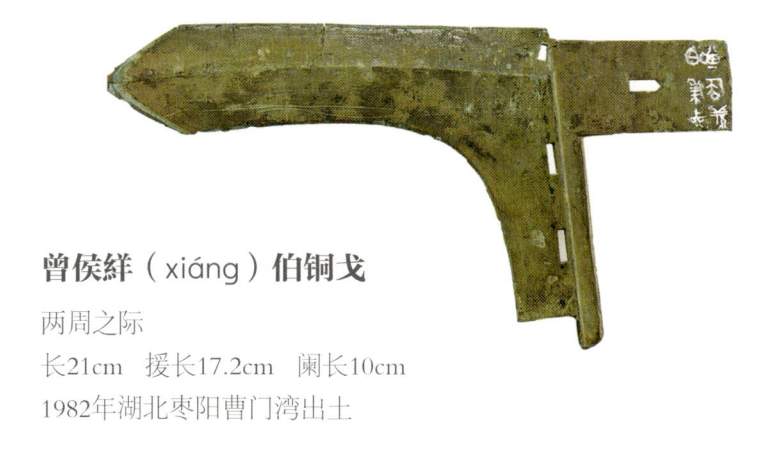

曾侯絴（xiáng）伯铜戈

两周之际
长21cm　援长17.2cm　阑长10cm
1982年湖北枣阳曹门湾出土

玛瑙串饰（19颗）

两周之际
直径0.5～1.1cm
2015年湖北枣阳郭家庙曹门湾1号墓出土

　　这些玛瑙为玉组佩饰品中的组件。

曾世家　111

玉凤金虎千年舞

金银合金虎形饰

两周之际

长12.4cm 宽5.2cm

2015年湖北枣阳郭家庙曹门湾1号墓出土

　　这两件虎形饰为青玉质。虎作匍匐状，圆目，张嘴，尾上卷，腿前伸。器身阴刻斑纹。虎嘴、颈和髋部各有一孔。

凤纹玉饰

两周之际

长12.5cm 宽2.5～3cm 厚0.1cm

2015年湖北枣阳郭家庙曹门湾1号墓出土

　　此件饰品为白玉质，由两组四凤构成方形，每组两凤首尾相连构成"S"形。凤身阴刻眼、喙、羽等纹饰。整件有四处镂空，以突出凤形。

祭祀宴飨黍稻粱

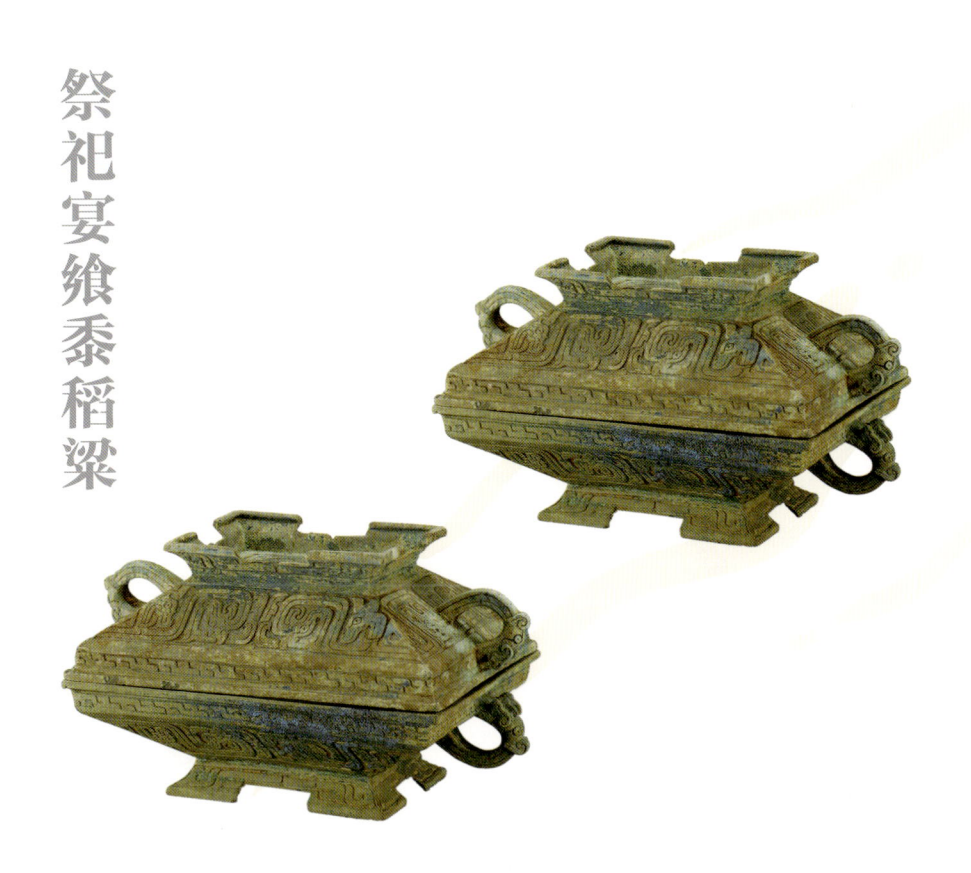

龙纹铜簠（fǔ）（2件）

两周之际
左，长34.7cm　高18.8cm　器口长29.8cm　器口宽22.3cm
右，长34.3cm　高18cm　器口长29.5cm　器口宽22.6cm
2015年湖北枣阳郭家庙曹门湾22号墓出土

　　此器底与盖同为长方形，敞口，窄平折沿，斜腹，平底，有四蹼形足，两面腹壁外有对称的两对兽首半环形耳。口沿下饰一周兽体卷曲纹，腹壁四周饰有对称曲体龙纹，器盖顶、足上均饰龙纹。
　　簠是中国古代祭祀和宴飨（xiǎng）时盛放黍、稷、粱、稻等饭食的方形器具，出现于西周早期，主要盛行于西周末春秋初，战国晚期以后消失。

曾世家

虎食人车軎（wèi）（2件）

春秋早期
高6.7cm　最大径8.2cm
高7cm　最大径8.1cm
2015年湖北枣阳郭家庙55号墓出土

　　本件下部饰一周虎纹。上部作圆筒形，成一圆雕虎首。虎凸目高鼻，双耳阔大。虎口张开衔一人首。虎齿和人面浮雕于顶面。虎食人是商周青铜器中常见的纹饰。

马衔／马镳（biāo）（1套3件）

马衔，长19.5cm　宽3.6cm
马镳，长13～13.6cm　宽1～1.2cm　高1.2～1.3cm
2014年湖北枣阳郭家庙10号墓出土

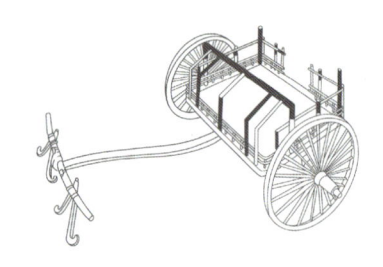

车马辚辚乘风来

郭家庙墓区1号车坑2号车（左）、3号车（右）复原图

小知识：曹门湾墓区1号墓陪葬车坑、马坑

　　军事实力代表了国家的国力。郭家庙墓地出土的大量兵器、车马器证实早期的曾国是军事强盛的大国。尤其是曹门湾1号墓的陪葬坑1号车坑、1号马坑，坑长32.7米、宽4米，葬车28辆。车阵东西纵列，出土各种车具122件（组），是同时期最大的车坑。

龙头兽首八面威

兽首形铜轭（è）足

两周之际
高4.15cm 下口径2~2.6cm
壁厚0.2cm 重0.07kg
2002年湖北枣阳郭家庙墓区1号车马坑出土

车马器。曲体圆筒状，末端封闭呈弧状，銎（qióng）口呈椭圆形，器壁较厚。器表铸成双兽首形，圆目，高卷鼻，毛发束于头顶。

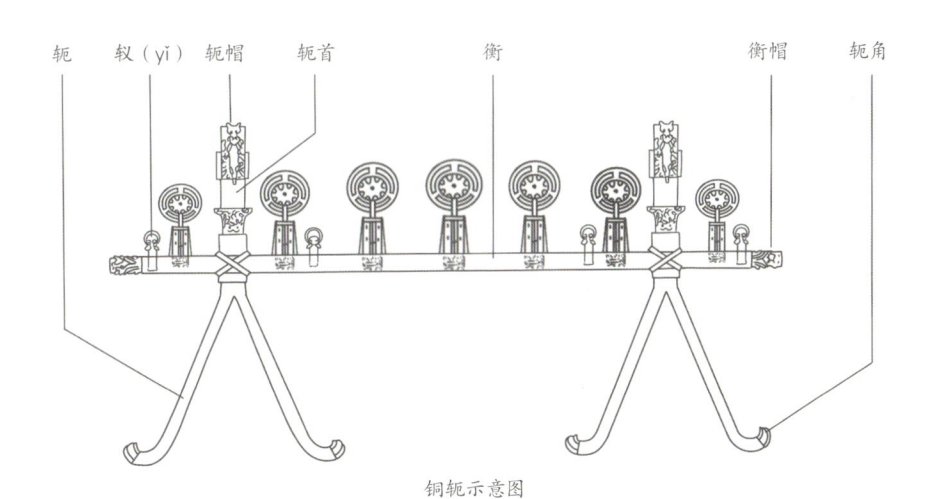

铜轭示意图

曾世家 115

曾国与其他国家的关系

青铜器铭文蕴含着大量历史信息，常与历史文献互相补充印证。郭家庙墓地出土了大量铭文青铜器。通过文献的记载以及对铭文的解读，可知曾国与汉水、淮河流域的黄、邓、蔡等诸侯国保持着紧密的关系。

曾亘嫚（màn）铜鼎

两周之际
高24.8～26cm
口径28.4～31.8cm
腹径25～28.5cm
腹深11.8cm
重5.8kg
2002年湖北枣阳郭家庙墓区17号墓出土

邓女嫁作曾人妇

此鼎铭文三行13字：曾亘嫚非录为尔（妳）行器尔（妳）永祜福。嫚为邓姓，本件铭文之意是嫁到曾国其夫谥称"曾桓"的邓国女子所作之器。

小知识：从青铜器铭文看诸侯国的婚姻关系

贵族之间通婚常用青铜器作为陪嫁。这种陪嫁的青铜器称为媵（yìng）器，"媵"是"送"的意思。媵器上的铭文往往表明了女子的国名、族姓。盟国之间常常通过婚姻加强相互之间的关系。

第三单元
始封江汉：叶家山

叶家山位于湖北省随州市。经过2011年和2013年的发掘，考古工作者在叶家山墓地发现了140座曾国墓葬，出土了数以千计青铜器、漆器、玉器等文物，3位曾侯安葬于此。丰富的考古材料证明曾国西周早期已经立国于今随州地区，是周王室分封到南方的重要诸侯国。

早期曾国的国君和贵族

在叶家山墓地，规模最大的65号墓、28号墓和111号墓是整个墓地的核心，都出土了众多带有"曾侯"铭文的青铜器。三位墓主均为西周早期的曾国国君。位于65号墓和28号墓东侧的2号墓、27号墓墓主为国君夫人。

小知识：两周的贵族墓地

先秦时期的葬俗以"聚族而葬"为主。墓地可以分为"公墓"和"邦墓"，前者是以王室、国君为主的贵族墓葬，后者则是平民的墓葬。公墓地的布局经过规划，以国君墓为中心，其他墓葬依墓主与国君的关系亲疏排列。叶家山墓地就是西周早期的曾国公墓地。

曾作之器烟焰在

曾侯谏铜鼎

两周之际

高22.59cm

耳高4.19cm　足高9.19cm

口径17.5～189cm　腹深9.99cm

壁厚0.2～0.39cm　重2500g

2013年湖北随州叶家山墓地2号墓出土

此鼎铭文：曾侯谏作宝彝。

曾侯谏作媿（kuì）铜簋（guǐ）

两周之际

高13.5cm　腹深9cm

圈足高4.9cm　口径18cm

圈足径13.6cm　重2690g

2013年湖北随州叶家山墓地2号墓出土

此簋铭文：曾侯谏作媿宝尊彝。

小知识：墓主的身份

　　墓葬发掘之后，考古学家除了判断墓葬的年代外，还需要确定墓主的身份。墓主的性别、年龄可以根据遗骨研究，但由于遗骨难以很好保存，因此考古学家需要根据墓葬的位置、出土文物，特别是青铜器铭文进行综合分析。

　　以叶家山2号墓为例，墓中出土了很多青铜礼器、原始瓷器、玉器，说明墓主的身份等级较高。但是墓中没有出现兵器，这是两周时期贵族女性墓葬的特征。青铜器铭文中反复提到了"曾侯谏"和"曾侯谏作媿宝彝"等内容，结合2号墓往西10米处即为曾侯级别墓65号墓，因此，2号墓主应该是65号墓主的媿姓夫人墓。

曾侯谏铜鼎

高29.8cm

器口径21.4~21.6cm

最大腹径24.6cm

2013年湖北随州叶家山墓地2号墓出土

食味散尽月同光

曾侯铜方鼎

两周之际

高23.6cm

内口长15.3cm　宽12.1cm

2013年湖北随州叶家山28号墓出土

此鼎铭文：曾侯作宝鼎。

小知识：考古学家提取文物前要做什么？

　　考古发掘最重要的工作之一是通过现场照相、测绘、登记等方式全面记录遗物出土时的原始信息，再提取文物。这些步骤需要严格遵守考古规程，由上到下逐层进行。随葬品在墓葬内的原始情况不仅有助于我们考察埋葬的过程，更能够通过器物的位置和组合了解它们的功能。如果文物原有状态被盗墓分子破坏，大量的考古信息就永远丢失了。

曾世家

曾侯谏盉（hé）

两周之际

高30cm　口径13.6cm

2013年湖北随州叶家山
28号墓出土

龙攀牛怒玲珑兔

　　这件文物十分精美，除三素面足外，其余器表均施以精美的三重满花纹饰。器盖立有兔形钮，盖面饰两组牛角形兽面纹。颈部以牛纹为饰，腹部施大面积的牛角形兽面纹，爬行龙纹分列两侧。提手部分称之为鋬（pàn），也饰一兽首，双耳宽大突出。倒水的出口称之为流，流上攀爬一龙，龙口作流口，倒水或倒酒时，液体仿佛是从龙嘴中吐出一样。器盖内壁中央、鋬内侧均铸有铭文："曾侯谏作宝彝（yí）。"

　　这类鬲（lì）形腹身盉是西周最常见的造型，但本器装饰风格繁缛华丽，浮雕圆雕层次分明，以牛作为主题图案，与流口的龙、盖顶的兔虚实相印，充满神秘威严之感，是商周青铜器中罕见的精品。

铜罍（léi）

两周之际

高42.5cm

盖口13.8cm

器口径17.1cm

2013年湖北随州叶家山
28号墓出土

兽面狰狞酒入肠

曾侯谏铜盘

两周之际

高14.8cm　盘口径长33.6cm

2013年湖北随州叶家山28号墓出土

晨起临阶盥漱时

一壶浓酒祭天地

曾侯谏作媿（kuì）铜肆壶

西周早期

高46.5cm　外口径长8.9cm

2013年湖北随州叶家山28号墓出土

　　本件盖沿饰龙纹组成的兽面纹，颈部亦为龙纹。出土时，壶颈及圈足均有一周朱绘纹带。盖内及壶内壁各铸有铭文："曾侯谏作媿肆壶。"

　　"肆壶"可能是陈列于祭祀仪式中的器物，近似于长筒形的贯耳壶，是西周早期新出现的器型，在叶家山墓地和一些商周之际的墓葬中发现有类似器型的木器，说明这种铜壶的原型是木器。

铜棒形器

两周之际

残长17.8cm　棒径1cm　直径2～2.6cm　重0.1kg

2013年湖北随州叶家山28号墓出土

　　此器出土时器身残断，已修复。器表有深蓝色锈，局部为浅绿色锈。器体近似一细长圆棒，末端有长柄，形似轱辘状，圆茎，菌状首。柄部里端中部凸起成棱状，上、下各有一周阴刻弦纹，近弦纹处一周排列三组三角形勾折云雷纹；首部形似菌状，饰涡纹。

　　这一器形以前曾出土过，过去对于此器的用途并不明确，从叶家山墓地所见共存关系看，此器应是与尊配套使用之器。

铜棒挥处为绿蚁

匍伏状鸟形佩

两周之际

长6.6cm　高3.2cm　厚0.3～0.41cm

2013年湖北随州叶家山28号墓出土

玉鹿

两周之际

角高5.5cm　最宽2.9cm　厚0.37cm

2013年湖北随州叶家山28号墓出土

飞鸟奔鹿鱼自游

曾世家

立鸟兽面纹罍（léi）

两周之际
高53.2cm　口径17.3cm
圈足径、壁厚0.2～0.5cm
铃铛高5.2cm
钲（zhēng）宽3.9cm
壁厚0.4cm
2011年湖北随州叶家山27号墓出土

凤鸟展翅来庆贺

　　罍盖上立有一只昂首凤鸟，展翅欲飞。盖顶至圈足，均设四道凸出的扉棱。盖面饰兽面纹，角尖旋卷高出盖面，兽角下饰有蛇纹。双耳侧立兽首，颈部伸出全雕兽首，兽首均有象鼻。腹部饰兽面纹，圈足饰龙纹，器底附有悬铃。本件造型奇异，形象和纹饰极尽华丽和夸张，这与中原周朝器物特点不太符合，体现了地方诸侯国的当地文化特色。

　　罍是古代一种盛酒的容器，小口，广肩，深腹，圈足，有盖，多用青铜或陶制成。这件罍2011年出土时，腹中还贮藏有透明液体。考古人员怀疑液体可能就是古代的酒。然而检测却没有发现酒精，也许是古代酿酒技术还不发达，酒精浓度较低，经过3000年的时间，都已挥发殆尽了。

小知识：叶家山111号墓
　　叶家山西周墓葬群中的111号墓，墓主为曾侯犺，是已发现的西周早期最大的曾国墓葬。葬具有1椁，内棺重数不明。该墓器物主要放置于墓内的熟土二层台上，四壁放置有大量长方形漆盾。北部二层台分类放置铜食器、酒器、水器，东部二层台放置漆木器和原始瓷器，南部二层台放置铜兵器，西部二层台放置铜编钟和少量铜兵器。棺内主要放置车马器和玉器。

湖北省博物馆

盘龙静卧慰风尘

盘龙铜罍（léi）

西周早期

高47.9cm　盖口径17.4cm　器高32.6cm

口径17.2cm　腹径25.7cm　腹深25.6cm

连耳宽31.2cm　圈足径17.7cm　圈足高6.4cm

2011年湖北随州叶家山111号墓出土

　　本物件圆盖隆起，盖顶有一圆雕蟠龙，盖面饰云雷纹。肩两侧设兽首形半环耳，耳衔圆环。肩部立有圆雕牛首，左右各饰一组相对的卷尾龙纹。腹部以大兽面纹为饰。下腹有一兽首。圈足饰夔（kuí）龙纹。这种带有高浮雕装饰的罍多见于周文化边缘地区。

鼎沸笙歌人间梦

师铜鼎

两周之际

高54.8～56cm

口径40.4～40.8cm

腹径41～41.2cm

腹深26.7cm

耳高10.6～10.8cm

足高21～21.2cm

残重21.5kg

2011年湖北随州叶家山1号墓出土

此鼎铭文：师作父乙宝尊彝。

兽面蕉叶纹铜鼎

西周早期

高27cm

口径19.3cm

腹深13.2cm

耳高4.9cm

足高10.8cm

2011年湖北随州叶家山1号墓出土

师方鼎（4件）

西周早期
高23.2cm　口长14.2cm　口宽17.4cm
2011年湖北随州叶家山1号墓出土

　　叶家山1号墓出土的方鼎共4件，大小、器形、纹饰相同，为晚商风格。器身有八条齿状扉棱，腹部饰大兽面纹，两侧分置倒立夔（kuí）纹，以云雷纹为地。足根处铸有小兽面，以短扉棱为鼻梁。器内壁铸有铭文"师作父癸宝尊彝"，可见墓主人叫"师"，故称师方鼎。

　　这些方鼎是极高规格的青铜器组合。国君级别的叶家山28号墓、111号墓均出土有4件方鼎。

四尊方鼎一诸侯

弯弓驰骋车轮转

铜弓形器

西周

长37.6cm　弓身长19.6cm

宽3.4cm　曲臂高10cm

2011年湖北随州叶家山1号墓出土

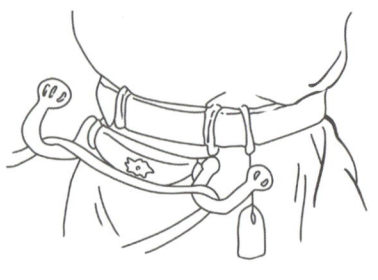

弓形器使用方法示意图

弓形器是从欧亚草原地区传入中原的车马器具，使用时横置于驾车者的腰间，马缰绳拴在弓形器的两端，驾车者便于双手在使用兵器（如弓箭）时控制马匹。

爵满功高坐殿堂

🦅兄乙铜爵

西周早期

高21.2cm　流至尾长16.8cm

口径8cm

柱高4.8cm　腹深9.2cm

足高9.4cm

2011年湖北随州叶家山1号墓出土

此器铭文：🦅兄乙。

🦅兄乙铜爵铭文拓片

加官进爵养马人

麻于铜尊

西周早期

高28.4cm　口径21.4cm

腹深23.6cm　足径15.4cm　足高6.1cm

2011年湖北随州叶家山126号墓出土

　　本物件外壁有四道纵向长扉。纹饰从上至下分三段，上段颈部饰蝉纹和鸟纹，中段腹部和下段圈足饰兽面纹。器内底铸有铭文："麻于肇畜马、谷，赍（jī）。用作父戊宝彝。庚册。"铭文大意是说麻于因为养马而受到赏赐，因此制作了用来祭祀父戊的铜器。"庚册"是表示麻于族氏的铭文。

麻于铜卣（yǒu）

西周早期

最大径30.5cm　高36cm

2011年湖北随州叶家山126号墓出土

相比麻于尊，麻于卣器型更加华丽。麻于卣全器满花，共有三层，以云雷纹为地。在云雷纹的表面上再饰有其他花纹，比如提梁饰蝉纹，提梁两端圆雕兽头作牛首。盖顶有菌状钮，每一瓣上也饰有蝉纹，盖面饰兽面纹，颈部饰龙纹带一周。腹部饰兽面纹，兽尾下两侧各饰一凤鸟纹，圈足饰蛇纹带。最后盖及器身有四条纵向还有突出的扉棱。麻于尊、卣通体纹饰精美繁缛（rù），是这一时期的青铜器精品。

本件盖、器对铭，铭文与麻于尊相同。通过铭文可知，麻于是当时负责养马的官员，而且养马的技术很好，所以加官晋爵得到了封赏，可见马在当时非常重要。

蒸藜炊黍烟火生

兽面纹铜甗（yǎn）

西周早期

高40～40.2cm

口径25.5cm　腰径14.6cm

腹深23.8cm

耳高6.2cm　分裆高9.5cm

2011年湖北随州叶家山墓地46号墓出土

本物件甑（zèng）鬲（lì）连体，甑内底有桃形三角箅（bì）。口沿下饰一周以云雷纹为地的兽面纹带，鬲三足饰更为夸张的兽面纹。

曾国的祖先来自中原

叶家山墓地出土的青铜器铭文表明，曾国的始祖是周初贵族南公，曾国是西周早期周王分封到南方的重要封国。叶家山墓地出土的铜锭、原始瓷等说明曾国是江汉地区资源和文化交流的枢纽。

犺（kàng）作南公铜簋（guǐ）

西周早期
耳径36cm　口径23.5cm
底座21cm×21cm　高30.5cm
2011年湖北随州叶家山111号墓出土

珍馐清月品铃音

此器敞口外侈，方唇，束颈，弧壁，圆腹略鼓，高圈足下接方座。兽首形半环双耳下附一长方形垂珥（ěr）。方座簋之圈足底内中部悬一小铃。

簋器表通体花纹繁缛（rù），腹部饰浮雕兽面纹带。兽面两侧各饰一倒立浮雕夔（kuí）龙纹，圈足饰一周两组夔龙纹带，方座各面饰一浮雕兽面纹。内壁铸有铭文："犺作烈考南公宝尊彝。"

小知识：叶家山墓地所出族徽

"族氏（族徽）铭文"是指商周青铜器上所铸的用以标识作器者家族名号的铭文，这类铭文往往比较象形，在整条铭文中相对独立，与其他铭文基本没有内容上的联系。

族徽铭文多见于商代晚期，西周早期不少周人高级贵族的墓葬中，也能看到一些带有族徽铭文的青铜器。学者认为这是商王朝灭亡后，周朝贵族瓜分战利品的结果。叶家山墓地不同的墓葬中，出现了多种族徽铭文青铜器，这可能来自周王室对曾国贵族的封赏。

曾世家

周王殿上赐红金

铜锭（2件）

西周
圆形铜锭，直径29.5cm　边沿厚1.8cm　重2865g
长方形铜锭，长36.3cm　宽14.1～14.6cm　厚1.2～2.3cm　重2960g
2011年湖北随州叶家山28号墓出土

　　在叶家山28号墓、111号墓中发现了随葬的铜锭。28号墓出土的两件铜锭材质均为红铜，铜含量达99%以上。铜锭是铸造青铜器的原料。
　　青铜器是先秦时期权力、财富的象征，铜是极为重要的战略资源。青铜器铭文中有不少周王"赐金"的记载，"金"指的就是铜。

素瓷斑驳曾留香

瓷尊

西周

高17cm

口径22cm

腹径26.5cm

2011年湖北随州叶家山2号墓出土

大口折肩尊是原始瓷常见的器形，这件尊肩部有两对器钮，作横、纵分列，其上以圆形乳钉加强。

瓷釜豆／瓷豆

西周

瓷釜豆，盘高9.1cm　口径21.1cm　足高4.6cm

瓷豆，高7.2cm　口径15cm　底径8cm

2011年湖北随州叶家山50号墓出土

小知识：原始瓷

原始瓷由高岭土制胎，表面施石灰釉，经1200℃高温烧制而成。根据目前考古发现推测，原始瓷的产地为长江下游地区。西周早期丰镐等政治中心地区也发现了相当数量的原始瓷器，它们可能由南方输入。叶家山墓地中随葬的原始瓷器较其他西周诸侯国墓葬更多。

第四单元
解谜曾国：文峰塔

　　文峰塔墓群位于湖北省随州市曾都区东北部，属于义地岗墓群。自20世纪70年代以后，这里不断发现春秋中晚期至战国中期的曾国青铜器和墓葬。2009年以来，考古学家在此进行了大规模发掘，为再现曾国历史提供了新的线索。特别是曾侯與墓出土的甬钟上的铭文，成为破解曾国之谜的关键。

文峰塔墓地

　　文峰塔墓地位于今随州市市区东部的一条南北走向，长约850米的无名岗地的南端。2009年以来在此发现了曾侯與墓等曾国墓葬。2012年7月至2013年1月，考古工作者又在此发掘了东周曾国墓葬54座、车马坑2座和马坑1座，出土1000余件套文物，部分铜器有"曾""曾子""曾孙"等铭文，年代在春秋中晚期至战国中晚期。

铜簠（guǐ）

春秋晚期
口径23.5cm　高31.4cm
方座尺寸24.2cm×23.4cm×11.7cm
2012年湖北随州文峰塔29号墓出土

此器的器身环绕一周窃曲纹。

窃曲纹是中国古代重要的一种纹饰，始见于西周时期，春秋战国时期还曾使用。它的基本特征是一个横置的S形，上下部分的纹路都呈弯曲形态。窃曲纹由动物轮廓演变而来，如鸟纹、龙纹等，通过简化和抽象化构成了独有的纹样，可根据器物表面的不同弧度、长度等进行合理的调整，具有较强的装饰性和美好的寓意。

连绵窃曲数百年

错金云纹鉴缶（fǒu）

战国中期
缶高29.2cm　口径9.5cm
鉴高27cm　口径45.7cm
2012年湖北随州文峰塔18号墓出土

《周礼》中提到过一种用来储存食物的"冰鉴"。"冰鉴"就是一个空心的盒子，把食物再放在盒子里，周围放满冰，就可以起到防腐保鲜和冰镇食物的作用，这可能是人类最早使用的"冰箱"。

此器由鉴、缶两件器物组成，外面是鉴，缶则放置于鉴内正中。缶用来盛放酒，有冰酒、温酒的双重作用。无论鉴缶，满身饰错金三角勾连云纹并镶嵌绿松石，装饰风格繁缛（rù），异常漂亮。圆鉴外壁有四只龙形爬兽攀附其上，鉴盖饰镂空蟠（pán）螭（chī）纹，中间有一盘形捉手，器身两侧设铺首衔环。本件装饰精美、扣合严密，体现了战国时期高度发达的青铜器铸造、装饰工艺水平。

金盆冰镇酒清凉

曾世家

破解曾国之谜

曾侯助楚夺国都

破解曾国之谜最重要的证物是2009年出土于文峰塔1号墓的甬钟,其上的长篇铭文是破解曾国之谜的重要史料。器主曾侯與是春秋晚期的曾国国君,他的名字早先已见于著名的曾侯乙尊盘。

曾侯與甬钟

春秋晚期
修复后高112.6cm
铣间53.5cm
2009年湖北随州文峰塔1号墓出土

曾侯與甬钟现存8件。本件为2号，出土时已残，后经修复。钟体为合瓦形，多处均饰有蟠螭纹。曾侯與甬钟最不可思议的是上面共有169字的铭文。这一长篇钟铭叙述了曾侯與的祖先以及曾国与周、楚的关系。

根据铭文记载，曾国始祖为南宫适（kuò），因为辅佐周文王、武王伐殷有功，被分封到江汉地区镇抚包括淮夷在内的南国。后来周王朝式微，曾国虽为姬姓诸侯国，但也不得不臣服于楚国。铭文还记述了一件著名的历史事件——公元前506年，吴国联合3个诸侯国，攻入楚国国都，楚昭王仓皇逃窜至曾国。在曾国国君的帮助下楚王幸免于难，曾侯把楚昭王送回楚国，助楚昭王重掌楚国。这段铭文与《左传》记载的"吴师入郢（yǐng）""昭王奔随"互相印证，只不过《左传》中写的是随国，铭文中写的是曾国。因此，这件文物也是曾国一国两名的重要证据。

小知识：曾国即随国

曾侯與甬钟上的长篇铭文与文献互证，揭开了曾国之谜。

钟铭记载：曾侯與的祖先为周人始祖后稷，因此曾国与周王室同为姬姓。文献记载：随国为姬姓。两国族姓相同。

钟铭记载：在吴楚战争中，曾国为楚国的盟国，协助楚王复国。文献记载：随国作为楚国的盟国，在此次战争中庇护了楚昭王。两国史实相同。

此外，结合叶家山、郭家庙等地的考古发现，曾国与随国在存续时间、地理位置上重合，因此可推测曾国即随国。

曾侯乙之后的曾国

目前已发现的晚于曾侯乙墓的曾国国君级别的墓葬有擂鼓墩2号墓和文峰塔18号曾侯丙墓，据此推测曾侯乙之后的曾国仍维持了近百年。曾侯丙墓葬具为木质一椁三棺。椁室呈"中"字形，分东、南、西、北、中五室，仅东室未被盗掘，出土有70余件铜器。在其东、西、北三面还各有一个2米×2米的方形附坑，这一墓葬形制为过去所不见。

第五单元

金道锡行：苏家垄

1966年，京山苏家垄出土了包括九鼎在内的一批重要青铜器。从2015年开始，考古工作者对这里进行了系统勘探与发掘，确认这是一处年代为西周晚期到春秋早期的包括墓地、居址、冶炼作坊的曾国大型城邑。苏家垄88号墓出土的曾伯霥（qī）壶铭文中"金道锡行"的内容和冶炼遗存的发现，揭示了曾国在周王朝经营南方、控制铜锡原料运输路线中的关键作用。

铜升鼎（5件）

春秋早期
高28.6～35cm
口径28.4～32cm
2015年湖北京山苏家垄79号墓地出土

曾国之风传四方

这5件鼎为平底束腰升鼎，形制独特，只见于楚国及与其有密切关系的诸侯国墓葬中，因此又被称为"楚式升鼎"。它在礼制中是标示等级的正鼎，具有重要地位。楚式升鼎是受西周中晚期的立耳垂腹鼎的影响逐渐形成的。苏家垄出土的春秋早期曾国升鼎，是已发现最早的平底束腰升鼎，可能是楚式升鼎的祖型，证明曾国青铜器对楚国青铜器风格的影响。

曾伯桼（qī）壶

春秋早期
高50.2cm　口径18.1cm
2015年湖北京山苏家垄88号墓出土

龙吐莲瓣花满壶

本件器形高大厚重，子口承盖，盖顶有镂空莲瓣形冠，长颈两侧有龙首形耳，耳下垂环。腹部下垂，圈足外侈，盖沿饰一周窃曲纹，颈部和腹部间以一周窃曲纹带区隔。颈部饰一周环带纹，腹部饰两周环带纹。颈、腹部环带纹均在带间饰龙纹，圈足饰环带纹。纹饰边缘凸起，增强了其立体感和流动感。

这件文物在壶盖和壶腹内壁有大量铭文，且两处铭文基本一致。

曾世家

祈愿百岁尚康强

曾伯克父鼎

春秋早期

高28.9cm 口径24.5cm

2019年追索回国

  此器上腹体重环纹，其下有一周凸棱，下腹部素面无纹。器底有烟炱（tái）痕迹。器内壁铸有铭文："伯克父甘娄乃执干戈，用伐我仇敌，乃得吉金，用自作宝鼎，用享于其皇考，用赐眉寿黄耇（gǒu），其万年子子孙孙永宝用享。"意为伯克父甘娄用讨伐仇敌所得的吉金制作了此鼎，用以祭祖先、祈求长寿。

小知识：成功从海外追索的"曾伯克父"青铜礼器

  2019年在日本拍卖会上出现一组"曾伯克父"青铜礼器。虽然拍卖方声称此为传世文物，但经过考古学家的研究，它们应为从湖北随枣走廊地区盗掘并非法出境到日本的出土文物。

  我国政府立即启动流失文物追索行动。在外交努力与刑事侦查合力推动下，曾伯克父青铜组器终于回到祖国的怀抱。曾伯克父青铜组器，是我国近年来在国际文物市场上成功制止非法交易、实施跨国追索的价值最高的一批回归文物。

曾伯克父甗（yǎn）

春秋早期
高42.5cm　口径32cm
2019年追索回国

甗由甑（zèng）和鬲（lì）两部分组成。上部为圆甑，侈口束颈，折肩附耳，口沿下及底部以窃曲纹装饰。下部为鬲，鬲为小口圆肩，扁圆腹，肩设双附耳，附耳与器身有连接梗，下承三蹄足，作象首形。器底有烟炱痕迹。内壁铸有铭文16字："唯曾伯克父甘娄乃用作旅甗，子孙永宝。"

曾伯克父铜盨（xǔ）（2件）

春秋早期
高18.4cm　口长22cm　口宽15.5cm
2019年追索回国

2件铜盨均为纽形制，纹饰基本相同。盖顶有四钮，腹部立有两兽形耳。盖顶部饰菱龙纹，盖器口沿饰窃曲纹，盖顶、器身下腹部装饰瓦纹，圈足以垂鳞纹为饰。盖及内壁均铸有铭文："唯曾伯克父甘娄乃用作旅盨，子孙永宝。"

辗转流离终还乡

黍稷盛满子孙享

曾世家

自古铸文少流传

曾伯克父铜䥶（líng）

春秋早期
高35.4cm　口径12.9cm
2019年追索回国

此器侈口，方唇，束颈，溜肩，肩上有对称的半环耳一对，鼓腹、凹底。纹饰装饰简约而富有艺术感，器身饰大面积的平行竖线纹，并以三角纹交错点缀其中。颈部凸棱下铸有铭文："曾伯克父自作䥶䤿。"类似纹饰和形制的䥶此前曾出土过，但将铭文铸制于器物表面的手法在西周青铜器中十分少见。

众纹合一为美饰

曾伯克父铜壶（2件）

春秋早期
高33cm　口径12.1cm
2019年追索回国

两壶形制、纹饰基本相同。盖顶有捉手，束颈，垂腹。盖顶中心饰凤鸟纹。壶盖饰垂鳞纹与窃曲纹。壶身从上至下皆以纹饰带装饰，层次分明。颈部饰波曲纹与窃曲纹，肩腹部饰瓦纹、窃曲纹与蝉纹。圈足饰垂鳞纹。盖内及器身口沿内均铸有铭文："唯曾伯克父自作宝䤿壶，用介眉寿黄耇，其万年子孙永宝用。"

置酒陈簋敬先祖

曾伯克父簋（guǐ）

春秋早期
高26cm 口径18.5cm
2019年追索回国

此器器身两侧有双兽耳，圈足下设三曲状龙足。盖顶中心饰凤鸟纹，外有一周勾连纹。盖器口沿饰窃曲纹，盖顶、器身饰瓦纹，圈足饰垂鳞纹。盖内壁及器底均铸有铭文："唯曾伯克父甘娄自作大宝簋，用追孝于我皇祖文考，曾伯克父其用受多福无疆，眉寿永命，黄耇需终，其万年子子孙孙永宝用。"

小知识：曾随之谜，尘埃落定

2013年、2014年湖北省博物馆和中国国家博物馆各入藏了一件春秋时期的随仲芈（mǐ）加鼎，铭文为"唯王正月初吉丁亥，楚王媵（yìng）随仲芈加飤（sì）繇。其眉寿无期，子孙永宝用之"。其中"随"是夫家国名，"芈"是父家楚国族姓，"仲"是排行，"加"为其名，说明它是楚王为嫁入随国的芈姓女子制作的嫁妆，也是罕见的"随"字铭文铜器，但由于它并非科学考古发掘出土，对铭文中的"随"与"曾"是否是同一国家，学界仍有争议。

2019年，从枣树林墓地169号墓出土的青铜器铭文证明其墓主正是随仲芈加，而其丈夫则是168号墓墓主曾国国君曾侯宝。这是曾、随一国的确证，为困扰学界40年的曾随之谜彻底画上了句号。

结语

自1978年随州曾侯乙墓的发现以来，曾国考古不断取得新进展。在考古工作者的不懈努力下，历时40余年，发掘了枣阳郭家庙墓地、文峰塔墓地、叶家山墓地、京山苏家垄墓地及冶炼遗址、随州汉东东路墓地和枣树林墓地。这些丰富而精美的出土文物，证明曾国是可与齐、晋、鲁等大国并列于《史记》中的"世家"，与文献中的"随国"为一国两名。

曾侯乙墓与曾国考古系列发现被列入"百年百大考古发现"，曾国成为揭示商周考古中物质文化面貌最为完整、全面的诸侯国。曾国历史从传世文献记载不明，到考古揭示出清晰的国君世系、社会阶层、文化面貌，一部"曾世家"完整地展现于学术界，体现出"考古写史"的作用和意义。

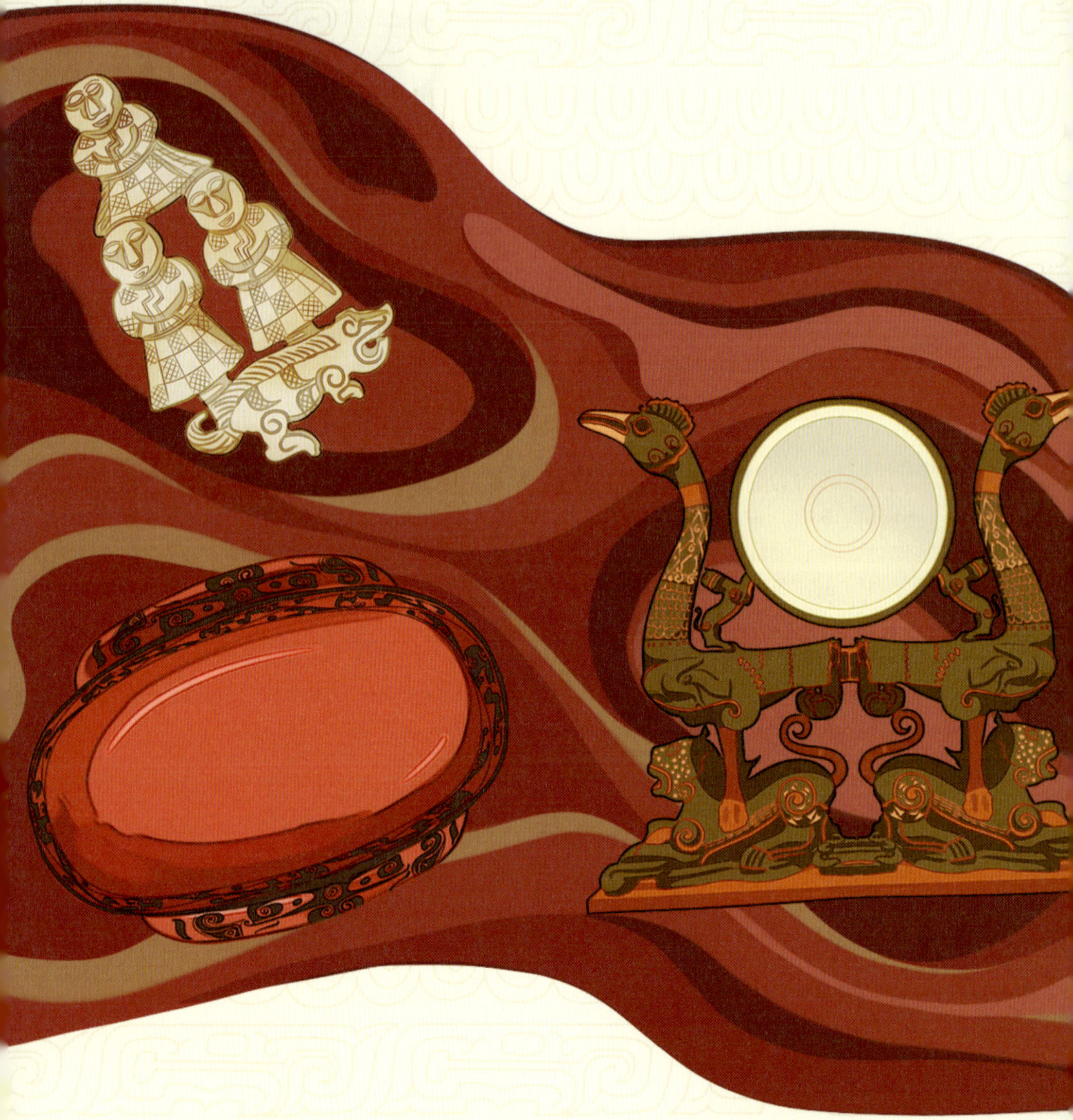

楚国八百年

商末，楚人祖先鬻（yù）熊投奔周文王，并成为周文王的火师（祭祀时守燎之人）。西周初年，周成王（前1042—前1021年在位）分封熊绎于荆山。楚立国之初，疆域不足百里，但楚人锐意进取、融合夷夏，春秋时期（前770—前476年），楚庄王问鼎中原，号为霸主。

战国时期（前475—前221年），楚国实力达到鼎盛，位列七雄，是南方最大的诸侯国。

在八百多年的历史中，楚人创造了绚丽多彩的物质文化和精神文明，为中国南北文化的融合和华夏文明的形成发挥了重要作用。

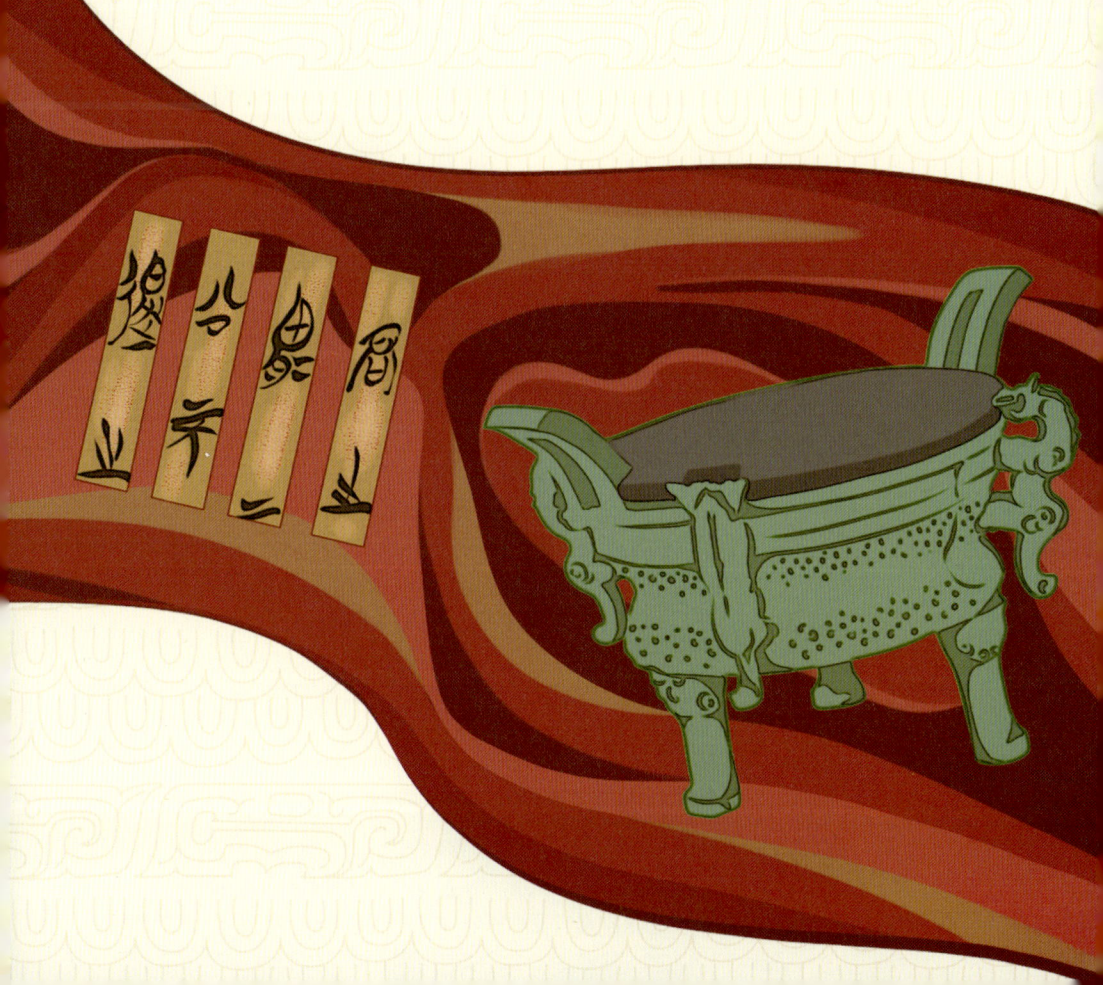

楚国大事纪年表

商末，鬻（yù）熊投奔周文王，担任"火师"的职位。

西周早期，周成王将熊绎分封至楚地，楚立国。

西周中期，周昭王两次伐荆蛮。

楚武王三十七年（前704年），熊通自立为"武王"。五十一年（前690年），伐随。

楚成王十六年（前656年），齐桓公率诸侯侵楚，齐楚结盟于召陵。四十年（前632年），晋楚城濮（pú）之战。

楚庄王八年（前606年），观兵周郊，问鼎中原，成为"春秋五霸"之一。

楚庄王十七年（前597年），晋楚邲（bì）之战。

楚共王十六年（前575年），晋楚鄢陵之战。

楚昭王十年（前506年），吴师入郢（yǐng），昭王奔随。

楚悼王即位（前402年）后，任用吴起变法，国力大盛。

楚威王（前339—前329年在位）攻越，伐齐，楚国疆域极广。

楚怀王三十年（前299年），怀王与秦国会盟，被秦扣留。

楚顷襄王二十一年（前278年），秦将白起攻克楚都郢，楚国迁都淮阳。

考烈王二十二年（前241年），楚东迁寿春。

楚王负刍（chú）五年（前223年），秦灭楚。

146　湖北省博物馆

第一部分

开疆拓土

西周初年，周王封楚于荆山，方圆不到百里，周厉王时期，楚人开始向汉水东部发展，楚国日益壮大。春秋时期（前770—前476年），楚庄王威服江淮、问鼎中原，称霸诸侯，势力扩张至黄河流域。战国时期（前475—前221年），经过数次改革，楚国至宣王、威王时臻于盛极。怀王（前355—前296年）时，楚国外迫于强秦，内昧于佞幸，遂衰落。

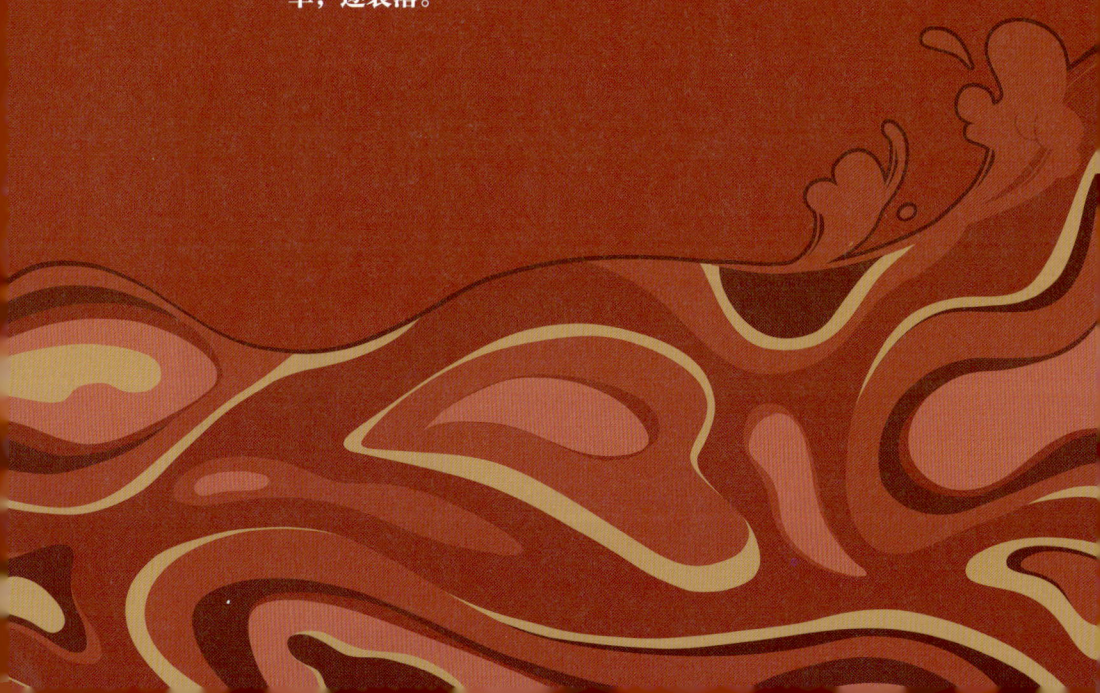

第一单元
筚路蓝缕

熊绎受封后,"筚路蓝缕,以启山林",为楚国发展奠定良好的基础。楚人利用便利的水陆交通,南下进入江汉平原,跨过汉水向东进入江汉地区,向北进入南阳盆地。

江汉、江淮地区物产丰富,新石器时代就有高水平的地方文化。南迁的楚人在此地辛勤耕垦,经营积累,至熊渠时挥兵直指江汉,为楚国的崛起奠定了基础。

岐阳之盟鼎为证

㠱子鼎

西周早期
2011年湖北随州叶家山2号墓出土

本件饰有三组兽面纹,器腹外壁及外底部保留有烟炱(tái)痕迹。器内壁铸有铭文:"丁巳,王大。戊午,㠱子蔑历,敞白牡一。己未,王赏多邦伯,㠱子丽,赏天粤卣(yǒu)、贝二朋。用作文母乙尊彝。"铭文记述

的是[illegible]子参加了周王举行的一场典礼，他因周王的赏赐铸造了此件鼎。这场典礼据推测即为文献中记载的岐阳之盟。

岐阳之盟，即周成王召集诸侯举行的会盟，又称“岐阳之蒐（sōu）”。《左传·昭公四年》：“成有岐阳之蒐（sōu）。”“蒐”是具有军事检阅性质的田猎活动，岐阳即今陕西岐山南的周原。《国语·晋语八》记载这次盟会的情况：“昔成王盟诸侯于岐阳，楚为荆蛮，置茅蕝（jué），设望表，与鲜牟守燎，故不与盟。”楚国作为荆蛮，帮助筹办了盟会仪式并担当守卫燎火的工作。

小知识

楚人之源

楚人的祖先有老童、祝融、季连、鬻（yù）熊等。据楚人的神话，鬻熊之妻妣厉难产，熊丽自其胁下生出，妣厉亡故，胁部被人以“楚”（即荆条）缠合起来，后人因此自称为“楚”。

荆山始封

商末，季连后裔鬻熊投周。周朝建立后，依据与周王室的血缘亲疏和功劳大小，进行分封。楚人参与灭商，但非姬姓，熊绎以子爵爵位封在荆山，封地“土不过同”，面积不过百里。1977年，陕西省岐山县周原出土了商末周初的一批甲骨，周、楚关系密切得到印证。

昭王南征

楚人在江汉地区的扩张，蚕食其他封国，尤其是威胁江汉、江淮地区的铜锡等资源的输送通道，引发周王朝多次南征荆楚。公元前977年，昭王在征伐荆楚的途中溺死于汉水。此后，楚人在江汉地区的影响愈加扩大。

亦夷亦夏

楚以“不与中国之号谥”（《史记·楚世家》）为名在江汉间发展，文化上兼有中原文化和土著文化。宜昌万福垴、陕西扶风、山西北赵等地出土的多套楚国早期青铜编钟，证明西周时期楚上层贵族仍保留着中原礼乐文化。

经营江汉

周夷王时，王室衰微。熊渠“甚得江汉间民和”，于是兴兵伐庸（今竹山县西南）、杨粤（或今潜江市），扩张至鄂，并分封三个儿子到“江上楚蛮之地”为王。自熊渠始，楚人扩张步伐加快。

第二单元
春秋争霸

春秋时期，周王室衰落，"礼乐征伐自诸侯出"，楚人则加快向汉东、江淮和江汉平原的扩张。高举"抚有蛮夷，以属诸夏"的旗号争取中原各国认同，以联姻、结盟、拉拢、分化、威吓、兼并、战争等手段震慑弱国。至楚武王时，姻邓伐随、灭权置县、僭号称王，成为汉东霸主。公元前689年，楚文王顺势都郢（ying），经略江淮，与齐争霸。楚庄王行韬晦、重农商、联秦齐，与晋争霸，陈兵周郊，问鼎中原，成为五霸之一。

邓公孙鼎

春秋

高22.8cm 口径26.3cm

2001年湖北襄阳王坡1号墓出土

  此鼎内底铸有铭文:"唯九月初吉丁亥,邓公孙无忌徙吉金铸其(宝)鼎。其用追孝朕皇高祖。余用征用行,永寿无疆。子子孙孙永宝用之。"

  邓为曼姓古国。至迟到西周昭王时期,邓被封于南阳盆地。在今襄阳市西北10余里发现了西周时期的古邓城遗址。

曼姓古国居襄阳

家国破灭空遗物

郙（xī）子行盆

春秋
高17cm 口径21.5cm
1975年湖北十堰涢（yún）
阳乡鲢鱼嘴村出土

此器盖内有铭文："郙子行自作飤（sì）盆，永宝之。"器内底铭文较盖内多一"用"字："郙子行自作飤盆，永宝用之"。这件郙子行盆可能是郙国灭亡后被楚国掠走的贵族遗物。

蔡侯之缶顷刻覆

蔡侯之缶（fǒu）

春秋
高36.7cm 口径24.2cm
1954年湖北襄阳南漳安乐堰出土

此器肩上有5字铭文："蔡侯朱之缶。"楚灵王灭蔡时，杀死了蔡灵公及其子隐太子友。蔡国复国时，楚平王立蔡灵公之弟为平侯，蔡侯朱即平侯之子。由于隐太子友之子东国向楚国权臣费无极行贿，费无极强命蔡人放逐蔡侯朱，立东国为国君，是为蔡悼侯，因此，蔡侯朱流亡楚国。

唐国酒香飘汉东

唐子铜钷（pī）

春秋

高27cm　口长13.8cm　口宽11.4cm

2001年湖北郧（yún）县肖家河村出土

　　钷用以盛酒，其形制、功能均与壶近似。外腹部刻有铭文3列20字："唯正十月初吉丁亥，唐子中濒择其吉金铸其御钷。"

　　这件青铜器铭文中的"唐子"是指唐国贵族，此处的唐为"汉阳诸姬"之一的汉东之唐。

共谋伐楚不归贡

子季嬴（yíng）青簠（fǔ）

春秋
口长30cm
口宽20cm　底长28.3cm
底宽21.8cm　高21.5cm
1972年湖北襄阳余岗山湾
33号墓出土

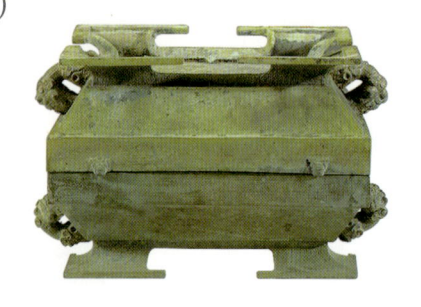

　　此器上、下器内底均有铭文："子季嬴青择其金自作飤（sì）簠，眉寿无期，子子孙孙永保用之。"从铭文看，这件器物的器主为嬴姓，推测其为与黄国有密切关系的女子。

　　黄国，嬴姓，淮河流域较有影响和地位的诸侯国之一。文献记载，公元前675年，楚睹敖首次伐黄，后齐国强大后附齐抗楚，与齐"谋伐楚""不归楚贡"。公元前648年，楚成王灭黄国。

千年不腐漆花舞

彩漆方壶

春秋
方壶，高46.5cm　内口径13cm
1988年湖北当阳赵巷4号墓出土

　　先秦漆器不易保存，在北方少有出土。南方因地下水位高，出土漆器较普遍，但春秋时期完好的漆器仍属罕见。

　　本件按青铜礼器形式制作，出土时共一对，有礼器功能，是研究先秦漆礼器的重要资料。

吴王夫差矛

春秋

长29.5cm　最宽处5.5cm

1983年湖北江陵马山5号楚墓出土

　　这件矛矛身有错金铭文"吴王夫差自作用鈼（zuó）"。夫差，春秋末吴国国君（前495—前473年），春秋后期霸主之一。公元前454年，吴越争霸，吴王夫差兵败自杀。这件矛出土自中小型楚墓，或是楚的战利品。

霸主兵败失疆土

鱼姓始祖传家宝

楚王孙渔之用矛

春秋
长27cm
宽4.7cm
2000年湖北荆门左冢3号墓出土

铭文中的"王孙渔",可能是文献中的楚国司马子鱼。

司马子鱼一般指目夷,春秋时期宋国宗室、大臣,因担任司马,故称司马子鱼。目夷是宋桓公庶长子,宋襄公异母兄,为鱼姓始祖。

轭
鞞(duì)
軏
轴饰
毂(gǔ)
輨(guǎn)
辖
軎(wèi)
铜鐷(yè)
辐
牙
伏兔
轴
轸
辀
靷
骖马
韅(xiǎn)

湖北省博物馆

小知识：千乘之国

先秦时期，战车是最重要的军事装备，其数量是衡量一国实力的重要标志。战国中期楚国的军事实力在诸侯国中首屈一指，号称"带甲百万，车千乘"。

当时的战车多为四马驾一车，车上乘员一般为3人：左侧的持弓箭射击，号为"甲首"；右侧的持戈矛，以勾刺杀敌，称"车右"；中间的甲士为驭手，驾驶战车。车主体为木质结构，常在重要部位装有青铜部件，用以加固和装饰。马具如马冠、銮（luán）等，也常用青铜制作。

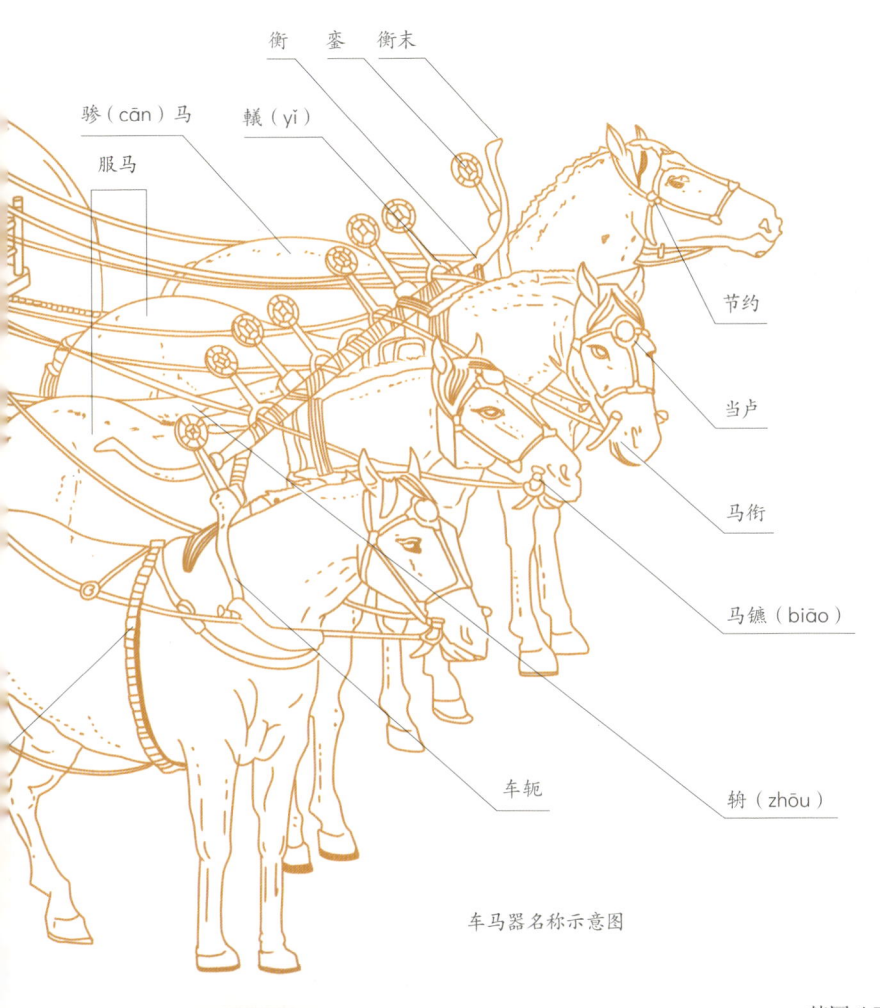

车马器名称示意图

（标注：衡、銮、衡末、骖（cān）马、轙（yǐ）、服马、节约、当卢、马衔、马镳（biāo）、车轭、辀（zhōu））

车马塞途风萧萧

错银车軎（wèi）

战国

高8.6cm　末端径3.4cm

头端径6cm　辖长6.7cm

1965年湖北江陵望山2号墓出土

错金立兽扣饰

战国

长21cm　宽6.5cm　高5.5cm

2002年湖北枣阳九连墩1号墓出土

扣饰为驭车构件，兽首口衔游环用以穿引绳索。

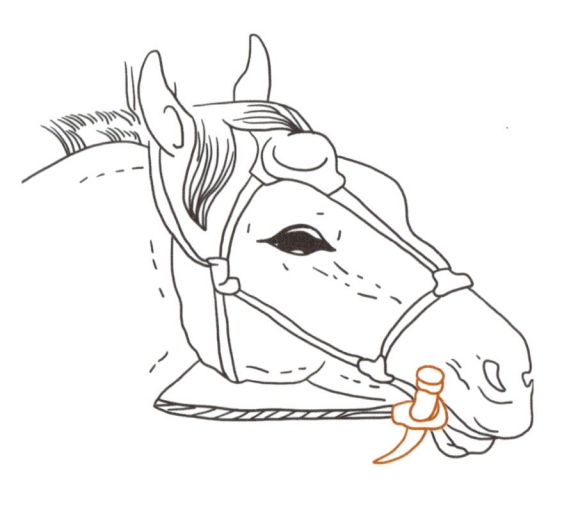

马衔／马镳（biāo）

战国

马衔，长26.5cm

马镳，长22.2cm

1986年湖北荆门包山2号墓出土

第三单元
战国称雄

公元前475年，进入战国时代，诸侯争霸转向兼并。

楚国经吴起强兵变法后势力扩张至百越。战国中期秦国发动兼并战争后，楚国多次合纵"山东六国共攻秦"。公元前278年，郢（yǐng）都被秦国攻占，楚迁都于陈。战国后期，楚迁都巨阳，再迁寿春避秦锋锐。公元前223年，秦灭楚。

战国时期，"天下莫强于秦、楚"。楚国"封君太众"，变法未能彻底，丧失了统一中国的机遇，但首创县制，统一南方，整合文化，为秦统一奠定了基础。

小知识

封君制度

封君制度是春秋战国之际诸侯国君封赏贵族或功臣的制度，与县制并行。它与西周封建制最大的不同在于：封地一般不世袭，职官由诸侯委任，封君有征收赋税及其他经济上的特权而无军权。文献和考古材料以楚国封君最多。

吴起变法

战国中期，楚悼王任用卫国人吴起开始进行改革。吴起整顿吏治，奖励耕战，楚国实力大增，"于是南平百越；北并陈、蔡，却三晋；西伐秦"。但吴起变法触动了贵族的利益。楚悼王死后，宗室大臣攻杀吴起，变法中止。

宣威盛极

楚宣王熊良夫、楚威王熊商在位时期，楚国臻于极盛。宣王任贤纳谏、休兵息民，楚"地方五千里，带甲百万"。楚威王时，巴渝、黔中都纳入楚国疆域，国力达到了鼎盛，楚国成为东周第一大国。

楚国八百年

古来封君第一人

析君铜戟（jǐ）

战国早期
上戈长26.5cm 下戈长18.6cm
1978年湖北随县曾侯乙墓出土

本件为双戈无刺戟，下戈有"析君墨脊（qǐ）之造戟"7字铭文。

目前所见最早的一位封君是楚惠王十二年（前477年）公孙宁，其因率师攻打巴人有功而被封为析君。

> **小知识：熊家冢墓地**
>
> "北有兵马俑，南有熊家冢"，熊家冢位于荆州市川店镇张场村，距楚故都纪南城约26公里，是迄今发现的东周时期规模最大、规格最高、布局最完整的楚国高等级贵族墓地，其墓主身份至今成谜。
>
> 该墓地南北长550米、东西宽200米，海拔62.3～65米，占地面积约15万平方米，由主墓、陪葬墓、殉葬墓、祭祀坑、车马坑等组成。

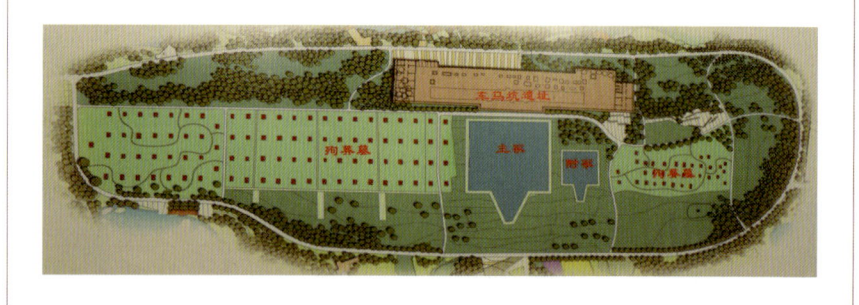

青铜矛各部位示意图

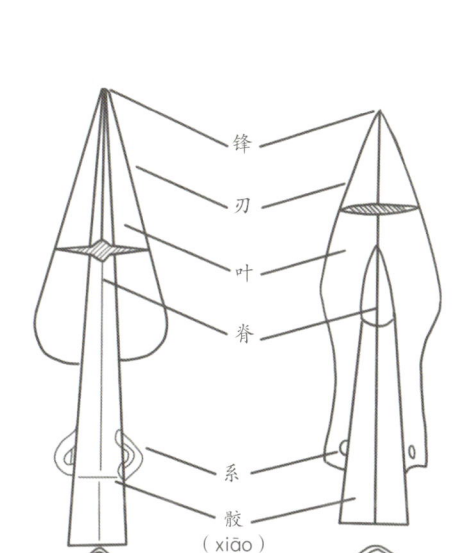

矛

战国
长19.6cm
叶长11cm　身宽3.7cm
䈟（tǒng）口径2.5cm
1981—1989年湖北江陵九店砖瓦厂出土

　　矛是直而尖形的刺杀兵器，为商周车战中的常用武器。春秋晚期到战国，矛的演变趋势是矛身加长，两翼逐渐缩小，更利于迅速穿刺和深中要害。

手援利矛出江陵

一剑曾当百万师

剑（10把）

战国

长47～55.5cm

2002年湖北枣阳九连墩1号墓出土

剑是在西周时期出现的兵器，青铜剑的制作工艺在春秋晚期发展到高峰。

彩绘漆画弩

战国

长53cm　高18.4cm　厚7.1cm

2002年湖北枣阳九连墩1号墓出土

　　弩是由弓发展而来的兵器，由铜质弩机、木臂、弓三部分构成。弩使弓箭的远射能力变得机械可控，士兵无须训练就可操控，是远射兵器的重大进步。弩的射程远，命中率高，便于步战、野战，适于集团进攻和防御。弩兵的出现是车战衰落的重要原因。文献称楚人琴氏发明弩，陈音将其传授给越王勾践，助其争霸。

　　此弩臂为木制，弓横装于前臂，青铜弩机装于后臂。

剑拔弩张流星落

人甲胄（zhòu）

战国

甲长97cm　肩宽40cm

下摆周长170cm　上厚20cm　下厚40cm

2002年湖北枣阳九连墩1号墓出土

　　甲胄是防护装备。分为胄、身甲、袖甲、裙甲四部分。甲片系皮胎，经模具压制，再以丝带编缀。出土时甲胄与皮革腐朽散失，漆皮保存完整。此甲胄是经加固后重新编缀的。

鱼鳞甲胄披在身

英雄驰骋箭在弦

铜镞（zú）／长铤箭镞

战国

长7cm　全长30～46cm

1965年湖北江陵望山1号墓出土

镞的各部位示意图

　　镞是箭的锋刃部分。基本形式多是有脊双刃式。战国时代，镞的种类迅速增多，有双翼、三棱、四棱、镂空翼，还出现了锥形和三角形的镞。这些长铤箭镞锋较小，刃作三棱形，关较长，断面为三角形；圆铤较短。

千里横戈马上行

青铜戈各部位示意图

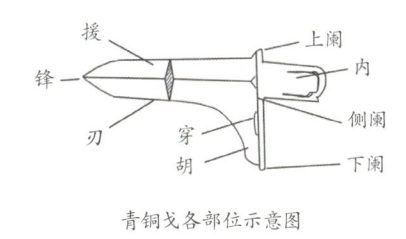

戈

战国
援长13.6cm　胡长9.2cm　内长7.9cm
1981—1989年湖北江陵九店砖瓦厂452号墓出土

戈是商周时期最常见的车战武器，由戈头、柲（bì）、鐏（zūn）构成，是用以钩杀的木柄曲头兵器。戈鐏上部中空以承柲，有对穿的两个孔。

春秋晚期到战国，长胡三穿或四穿戈较为常见。胡越长、穿越多，缚在柲上的戈头就越牢固，更适于激烈的战斗格杀。

止戈为武脱金甲

单戈带刺戟（jǐ）

战国
戈长29.2cm　援长18.2cm
胡长10.5cm　内长10.9cm
矛长13.7cm　叶长8.5cm
身宽2.1cm　箭（tǒng）径2cm
1981—1989年湖北江陵九店砖瓦厂98号墓出土

戟是一种组合兵器，由戈与矛或刀组合而成，或为多件戈的组合，既可刺杀，也可钩杀。车兵用戟增加了杀伤范围。

楚国八百年

第四单元
钟鸣鼎食

"国之大事，在祀与戎"，用于祭祀仪式和战争的青铜器是礼制的体现和国力的象征。先秦时期，贵族在仪式中按照身份高低使用钟、鼎等礼乐器，以钟奏乐，以鼎烹食。通过礼器的形制、大小、组合关系体现等级，用以"明尊卑，别上下"。

钟鸣鼎食祭天地

铜镬（huò）鼎／簠（fǔ）
战国
镬鼎，高93cm　口径81cm　耳径108cm
簠，高33.4cm　口长33cm　宽23.4cm
2002年湖北枣阳九连墩1号墓出土

　　镬鼎用于祭祀、宴飨（xiǎng）等礼仪活动中烹煮牲肉，形体较大。这件铜镬鼎是迄今楚墓科学考古发掘出土的最大的一件镬

鼎，出土时鼎内残有牛骨。

簋是古代祭祀和宴飨时盛放粱、稻等饭食的器具。铜簋最早出现于西周晚期的中原地区。鼎、簋加上浴缶（fǒu）或尊缶，是楚国礼器所特有的比较固定的组合形态。

铜簋（guǐ）／铜甗（yǎn）

战国

铜簋，高27.2cm　宽33.6cm　口径22.3cm

铜甗，高53.4cm　口径35cm　耳距40.8cm

2002年湖北枣阳九连墩1号墓出土

这件楚式簋造型精美，将器身之侧简单的中原式双耳变为攀附状、弓身腾跃的小龙，器身上下还有绚丽的纹饰。

甗为蒸食器，由甑（zēng，放食物）、鬲（lì，盛水）组成。甑底有箅（bì）孔以通蒸汽。

粱盛丰备君臣礼

镶嵌纹敦（duì）

战国
高26.2cm
口径21.2 cm
耳距26cm
2002年湖北枣阳九连墩1号墓出土

敦是中国古代食器，在祭祀和宴会时盛放黍、稷、稻、粱等作物。

敦出现于春秋时期，由无盖逐渐演变为有盖，到战国时多为盖形同体，常为三足，有时盖也能反过来使用。

苍天遥闻五谷香

豕（shǐ）鑐（xū）鼎

战国
高42cm　口径53cm　鼎钩长28.9cm
1987年湖北荆门包山2号墓出土

鑐鼎，是用于煮牲的大鼎，主要用来盛半边牲肉，即文献中记载的"胖，牲之半体也"。此鼎出土时带鼎钩，即"铉"，是用于抬鼎的工具。此件豕鑐鼎出土时口沿留有铸砂，无使用痕迹，应是遣策中记载的"大兆之金器"组，是特定时候所用的祭器（兆或即祧，宗庙之意）。

宗庙之祀奉牺牲

漆木鼎／漆木簋／龙耳漆方壶／漆木房俎／漆木方鉴

战国

鼎，高36.9cm　口径40cm　间距56cm

簋（guǐ），高27.4cm　口径23cm　座边长23cm

方壶，高79.2cm　口长25.6cm　宽24cm　腹径35cm

房俎（zǔ），高89.8cm　面长91.2cm　宽38cm

方鉴，高34cm　口长49.2cm　宽47.2cm

2002年湖北枣阳九连墩2号墓出土

鼓瑟吹笙设俎豆

　　楚墓中多有漆木礼器出土，多为仿铜而制、成组出现。枣阳九连墩2号墓中出土了较为完整的仿铜漆木礼器，漆木升鼎一套5件，均彩绘，在楚墓中尚属首见。

　　方壶为酒器，东周时期礼器中常见此类青铜方壶，仿铜漆方壶则非常少见，目前仅知湖北宜昌当阳春秋楚墓出土过一件漆木方壶。

　　俎和豆是古代祭祀、宴飨（xiǎng）时用于盛载食物的礼器，豆装腌菜、肉酱、庶羞等，肉置于俎上。此件房俎由立板、面板、侧板三部分以榫（sǔn）卯结合而成。木俎黑漆为地，其上以红色绘多种纹样。

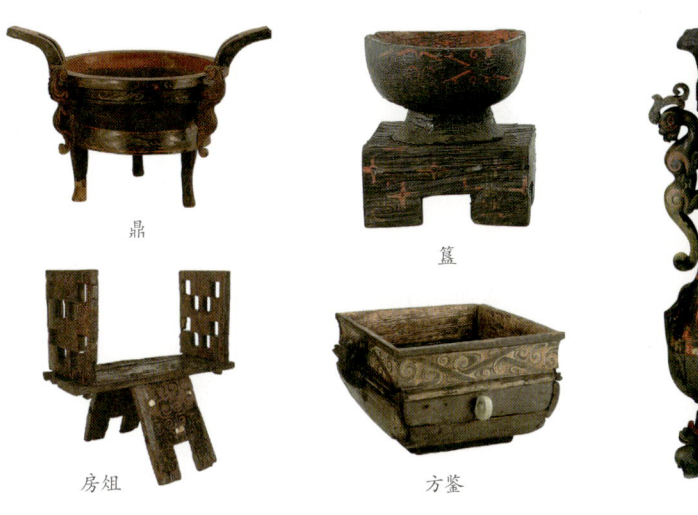

鼎

簋

房俎

方鉴

方壶

楚国八百年　169

第五单元

八音和鸣

周朝统治的核心是封建宗法制，礼乐是它的体现形式。"礼"强调社会分层，"乐"展现和谐有序。楚国以"抚夷属夏"的姿态争霸中原，其贵族以周朝礼乐为本。楚庄王对太子就"教之礼，使知上下之则；教之乐，以疏其秽而镇其浮"。

考古发现楚贵族墓出土的乐器有钟、钲（zhēng）、磬（qìng）、鼓、琴、瑟、笙、箫等。《周礼·大师》所称的"八音"——金、石、土、革、丝、木、匏（páo）、竹八类乐器基本都有发现。此外，其他诸侯国也出土了楚国乐器，如北赵晋侯墓地出土的楚公逆钟、随州曾侯乙墓出土的楚王熊章镈（bó）。

叩钟调磬穿林响

彩绘凤纹石编磬（qìng）

战国

1970年湖北荆州纪南城南出土

编磬纹样

　　此套编磬共出土25件，大部分保存完好。制作精良，音质优美，大小厚薄有序，越大越薄音越低，越小越厚音越高。

琴瑟和鸣乐于心

二十三弦瑟

战国

长188.5cm　宽40.4cm　高16.5cm

2002年湖北枣阳九连墩2号墓出土

　　瑟，弦乐器，是贵族使用的乐器，在仪式乐队中多见成组使用。琴与瑟合奏，即谓"琴瑟和鸣"，后用来形容夫妻关系和谐。

楚国八百年

虎座鸟架鼓

战国
高136cm 宽134cm 厚55.2cm 鼓径60cm
2002年湖北枣阳九连墩2号墓出土

钟鼓迟迟夜长明

虎座鸟架鼓一般出土于高等级贵族墓中，是文献所记的悬鼓之一种，目前仅见于战国时期楚墓，鼓座有漆木和陶质两种，鼓面应为皮质，多已腐朽不存。

小知识：楚国都城

楚国的城邑，历史记载近300座，目前考古发现超过60座，既有规模宏大的都城，也有面积较小的县邑、军事堡垒。

楚国都城称郢（yǐng）。立国八百余年，楚迁都多次。自楚文王之后，做过楚人都城的主要有位于今湖北荆州的郢（纪南城）、河南淮阳的陈郢、安徽寿县的寿郢。

纪南城位于荆州城北纪山之南，公元前278年秦将白起拔郢前，楚国曾定都于此。当时城内十分繁华。考古资料显示，城内总面积约16平方公里，是迄今发现的我国南方最大的一座古城。

瓦当／筒瓦

战国

瓦当，直径12cm

筒瓦，长45cm 宽13cm

1979年湖北江陵纪南城松柏鱼池出土

千年风霜瓦上痕

　　瓦是中国古代建筑中覆盖屋顶的建筑材料，从形制上分为板瓦和筒瓦，板瓦顺次铺于屋顶，筒瓦则覆盖于相邻板瓦的缝隙之上，其顶端饰以瓦当。

　　筒瓦弧度较大，通常其横截面为半圆形。筒瓦制作时为筒装，成坯为半，经烧制成瓦，一般以黏土为材料。器表饰较粗的绳纹，器内除素面外还有麻点纹、斜方格纹等纹饰。

　　早期的陶瓦数量较少但形制多样，既有板瓦又有筒瓦，而且有子母口、穿孔、瓦钉、瓦环等多种具体样式，制作技术较为原始粗糙。因其防水性能，故可一器多用，主要用于铺盖屋脊，有时兼具排水管道、围护板等用途。

第二部分

礼俗百业

楚国地处长江中游,是四方文化融汇之地。稻作农业为主的生产形态、河网纵横的交通特征、铜矿分布广泛的资源条件和华夏蛮夷杂处的人文环境,使楚人形成了尊崇周礼、亦夷亦夏的礼俗面貌和特色鲜明的生产生活方式。

第一单元
农商矿冶

稻作农业收成和劳力耗费远低于旱地农业。楚国大力兴修水利工程，出现了国力强盛的景象；水陆交通便利利于资源快速流通和降低成本，促进商贸的发展；丰富的矿冶资源也利于金属农具的普及发展。农业积蓄丰厚、贸易便利经济、冶炼技术发达，成就了楚国春秋争霸、战国争雄的物质基础。

铜镰刀

春秋晚期
身长11.5cm 銎（qióng）长9.2cm
1972年湖北襄阳山湾2号墓出土

镰刀是一种收割工具。最初的镰刀为石镰刀，到了夏商时期，青铜农业生产工具开始出现，铜镰刀也逐渐出现，春秋战国时期楚国已经使用青铜农具。同时在这一时期铁质镰刀出现，后来逐渐取代了铜镰刀。考古发现，春秋战国时期出现的铁农具以楚国最多。楚国农业生产工具的发展，提高了农业生产效率，提升了粮食产量。

谷雨耕遍田中忙

黄金鬼脸市上行

郢爯（yǐng chèng）
战国
长约3.7cm 宽2.46cm
1971年湖北宜昌前坪7号墓出土

楚国货币多样，材质有金、银、青铜、贝，类型有蚁鼻钱、布币、郢爯等。楚国以蚁鼻钱流通最广，与其他货币按一定比值兑换。

郢爯是目前中国发现最早的称量货币，呈版状。"爯"是称量之意，"爯"前之字"郢"是地名，表示发行地。使用时根据需要将金版切割成小碎块，用天平称量后支付。

蚁鼻钱
战国
长2cm 宽1.3cm 厚0.5cm
1963年湖北孝感野猪湖出土

蚁鼻钱（或称鬼脸钱）是战国时期楚国流通的铜币。币呈椭圆，正面突起，背面磨平，前面阴刻文字。楚地蚁鼻钱刻有多种文字，目前共发现有十多种。新中国成立后，蚁鼻钱大量出土，遍及多地，使用范围已超过了楚国的地界，由此可以反映出楚国与周围邻国的贸易往来。

小知识：湖北大冶铜绿山古矿冶遗址

　　铜绿山古矿冶遗址位于湖北大冶，面积约2平方公里。1973至1974年，经多次调查、发掘，发现古代矿井包括竖井、平巷、盲井和斜巷，涉及年代早到商代，晚至西汉。遗址中体现出的矿井、巷道的支护、排水、通风、照明以及找矿、选矿、冶炼等技术，堪称完备。在11号矿体曾清理出春秋时期炼铜竖炉8座。炉周围发现工棚遗迹和碎矿用的工具等。它是我国目前已发现的矿冶遗址中，采、选、冶兼备，保存最好、规模最大、时间最长、冶炼水平最高、内涵最丰富的遗址，代表了中国先秦时期的最高采冶水平。

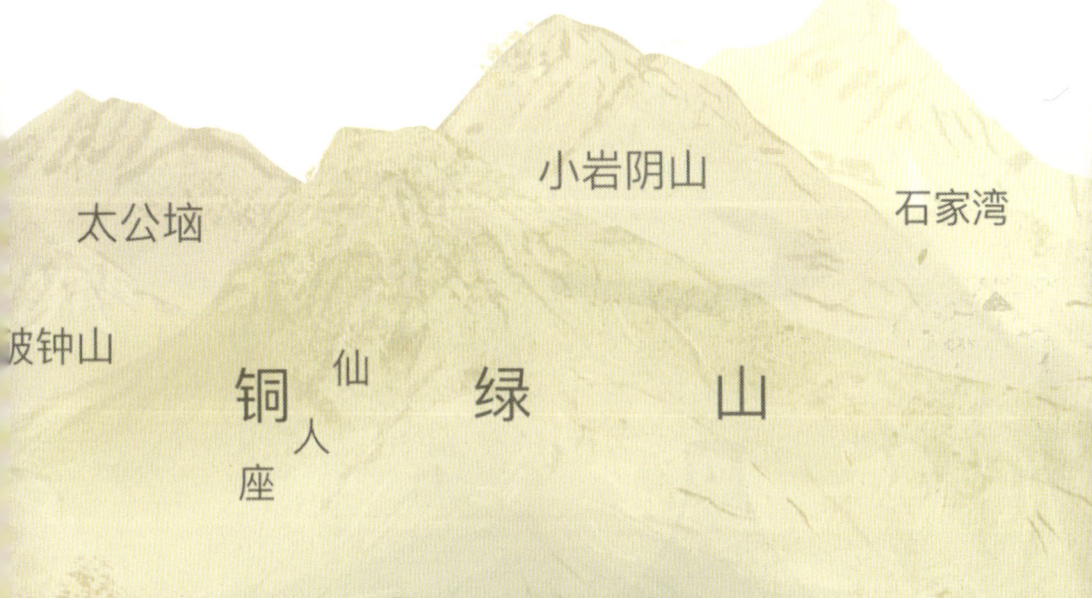

铜绿山中掘宝藏

木斗
春秋
长76cm　宽10cm
1975年湖北大冶铜绿山出土

木锨
春秋
长62cm　宽21cm　高13.5cm
1975年湖北大冶铜绿山出土

木钩
战国
长33.5cm
1975年湖北大冶铜绿山出土

铜斧
春秋
高25.5cm　刃宽23.6cm
銎（qióng）长12cm　宽6.9cm
1975年湖北大冶铜绿山出土

第二单元
饮食起居

楚地的亚热带环境适宜蚕桑培育、漆树种植、果蔬栽培、水产养殖等，百姓不忧冻饿。此地华夷杂处，平原山地、生活起居不尽相同。大体上，衣尚右衽曲裾，食则饭稻羹鱼，住以高台为贵，行有舟车之利。

饮食习俗

文献和考古材料所见楚人饮食习俗出自贵族，代表主流文化。楚人进食分餐，箸、匕兼用，日食两餐〔朝、餔（bū）〕。

楚地自然环境复杂多样，食物品种丰富。楚国饮食器具中适宜盛放稻饭的鬲（lì）、敦（duì）较为普遍，套杯、套盘等多有发现。

小知识：珍馐（xiū）美馔（zhuàn）

《楚辞》记录了楚人的食单。楚人的宴饮可分为饭、膳、馐（xiū）、饮几类。饭是以谷物为主食，膳是用六畜为主的肉类菜肴，馐是以粮食精制的点心，饮是酒浆果汁等各种饮料。《楚辞》中提到肉食22款，野兽禽鱼占16款12种，其中又以野禽居多。楚地夏季闷热，口味上嗜苦、辣、酸、凉，又有"清馨冻饮""瑶浆蜜勺"。烹饪手法有胹（ér）、蒸、炙（zhì）、濯（zhuó）、炮、煎、熬等上十种。

铜箕

铜炭炉

铜箕／铜炭炉

战国
铜箕，长22.5cm　口宽23cm　高10.5cm
铜炭炉，口径29.4cm　链长23.5cm　高9cm
1965年湖北江陵望山1号墓出土

　　此件铜炉盘腹较深，三蹄足较矮，腹部满饰浮雕的蟠虺（huǐ）纹，并有2条对称的环链。足上部饰兽面纹，环耳与环链上均饰重环纹等纹样。炉用以烧炭，箕盛木炭或炭灰。

炉火未消梦已成

烹茶煮酒宴宾客

彩漆木案

战国

长113cm

宽55.2cm

高11.6cm

2002年湖北枣阳九连墩2号墓出土

  案用于宴飨（xiǎng）或仪式中盛放食器或祭器。《考工记》称，宴飨诸侯，案十有二列。同时案也是春秋战国和秦汉时期主要流行的家具类型，为放置物品的用具。古时无桌，饮食等东西都是放在案上的。常见的案以长方形的案为主，也有圆形的案。

方格纹酒具盒

战国

长71.5cm

宽25.6cm　高19.6cm

1986年湖北荆门包山2号墓出土

  此器由整木凿成。器形呈圆角长方形。盖、器作子母口扣合。器内分隔成4段6格，放置盘、壶和耳杯等成套餐具。此类酒具盒目前仅见于楚国大夫以上墓葬。

小知识：苞茅缩酒

  苞茅是生于海拔600～1200米的多年生草本植物。用苞茅过滤酒中渣滓，即缩酒。楚地盛产苞茅，其为楚国向周王室进贡的贡品。《左传》记载，齐桓公曾以楚未向周王室进贡苞茅为借口而讨伐楚国。"苞茅缩酒"也是古楚人的一种祭祀仪式，其主要内容是祭祀神灵，祈求它保佑人间或后生太平，为之驱灾消祸、祈盼五谷丰登。如今，其仍在湖北省南漳的个别地方作为几千年来世代相传的独立的歌舞保存下来。

楚国八百年

彩绘变形鸟纹圆耳杯

战国
长15.2cm 宽11.1cm 高4.7cm
1965年湖北江陵望山1号墓出土

耳杯为盛酒之器，双耳似鸟翼，亦称为"羽觞（shāng）"。耳杯最早见于东周，沿用至魏晋，《兰亭序》中"流觞曲水"之"觞"即耳杯。

楚国漆耳杯形状有带流杯、豆形杯，耳有方耳、圆耳，纹饰多为花卉蔓草和龙凤云气。

彩绘漆木浅盘豆

战国
高26.4cm 口径17.9cm 底径13.8cm
2002年湖北枣阳九连墩2号墓出土

豆在仪式中盛放肉酱，与俎（zǔ）配合使用。

小知识：筵席俎豆

先秦时期的礼仪活动中需要"铺筵席，陈尊俎，列笾（biān）豆"。筵、席是坐具，尊、俎、笾、豆用于盛放食物。这些用具源自日常起居中的陈设。

房舍家居

楚人喜居高台，也临水筑室。《九歌·湘夫人》描述楚人房舍：梁用桂木，椽（chuán）用木兰，荪（sūn）草（菖蒲）涂壁，紫贝铺庭。厅堂室内以帷帐分割，铺设筵席，香椒、辛夷、白芷、蕙草充盈其间，香氛氤氲，驱虫除瘴。室内居室有床、翣（shà）、架、帷帐、竹席、案、几、箕、梳子、铜镜、铜灯、熏杯等。

金樽对饮坐绮筵

竹席

战国
长47cm 宽41cm
1965年湖北江陵望山1号墓出土

古人席地而坐之前，先铺地垫，即筵（yán），然后根据座位再铺一张席供人跽（jì）坐，以示尊贵。（《周礼·序官》："铺陈曰筵，藉之曰席。"）车、案、卧榻等重要处所皆可安放专席。

轻倚足几坐天明

拱形木足几

战国

长88.6cm　高33.6cm　宽22.4cm

1987年湖北荆门包山2号墓出土

　　此件器物应是古人坐息委身依托之物，作用是扶持人的身体。这种器物在我国古代使用时间相当长，三国两晋南北朝时期仍很流行。

框形座枕

战国

长66.6cm　高13.2cm　宽17.4cm

1987年湖北荆门包山2号墓出土

　　此枕为竹质枕面，木质枕身。

七十古稀赐鸠杖

错金银铜鸠（jiū）杖首

战国

长6.9cm 高2.5cm

2013年湖北荆门左冢3号墓出土

  本件为鸠杖首。鸠杖早在3500年前的青海卡约文化中就有发现，是长者用物，作为权力的象征。先秦大夫七十退休，赐之几杖。（《礼记·曲礼上》）汉高祖以"鸠者不噎（yē）之鸟也，欲老人不噎"，赐七十岁以上老人鸠杖，成为制度。（《后汉书·礼仪志》）

朱颜辞镜花辞树

漆木梳妆盒〔含铜镜、削刀、木篦（bì）〕

战国

长35cm 宽11.2cm 厚4cm

2002年湖北枣阳九连墩1号墓出土

山字纹镜

战国

直径14.5cm

1982年湖北江陵九店15号墓出土

山字纹镜为楚国出土铜镜中极具特色的一种，北到俄罗斯的巴泽雷克，南到两广都能发现山字纹镜，其确切含义未知，有学者认为其与巫术相关，是具有巫术力量的仪式器物。

铜镜出现于新石器时代晚期齐家文化。目前出土所见东周铜镜以楚国最多。楚镜以圆形为主，亦有少量方形镜。装饰采用主纹和地纹相结合，常见山字纹、菱纹、禽兽纹、蟠螭纹、花叶纹、连弧纹等。

透雕云纹木梳

战国

长8.2cm 宽7.1cm

1987年湖北荆门包山2号墓出土

篦（bì）

战国

长8.5cm 宽6.9cm

1987年湖北荆门包山2号墓出土

衣裳冠履

楚墓出土的服饰织物主要有衣、袍、裤、帽等。楚人的帽类服饰有冠、冕、弁（biàn）、帽和巾帻（zé）几类。楚式衣袍有曲裾和直裾两种，为右衽（rèn）。除此以外，还有襦（rú）和緅（qiū）衣，以及裙和袴（kù）等。楚人所穿的履，已知有锦面或绨（tì）面麻鞋出土。

楚墓所见楚国服饰

履的形制

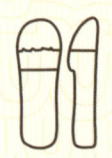

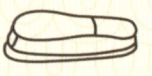

马山1号墓　　包山2号墓　　　　纪南城新桥遗址　　　　长沙楚墓

先秦成年男子都要着冠。系缨高冠即"南冠",是典型的楚冠。楚《人物御龙帛画》中有头戴南冠的人物形象。楚墓有戴扁圆冠的木俑,出土实物为一顶绢弁。

楚人发式有椎髻、垂髻、辫发和绾结。楚人右衽,即衣前襟向右掩,衣袍为深衣曲裾或直裾。

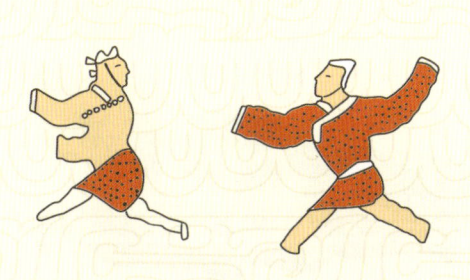

沙洋严仓墓出土彩绘漆棺上的人物图像

长沙出土彩绘木俑着装

长沙楚墓出土漆卮上的女性着帻(zé)图像

马山1号墓着凤鸟花卉纹绣深衣的彩绘木俑

玉佩陆离

古人以佩玉象征身份。《九歌·大司命》有"灵衣兮被被,玉佩兮陆离",是对楚人服饰的写照。楚贵族佩玉多以龙、凤造型。一般用多件璧、环、璜(huáng)、珩(héng)、管、觿(xī)、珠等组合佩戴。贵族身份越高,组佩所用玉器就越多。春秋战国时期的组佩一般以环(璧)、珩为主体,珠做串联,璜、珑、琥、觿为悬饰。

细腰环佩笑盈盈

双龙云纹玉佩

战国
长6.3cm 宽2cm 厚0.4cm
2002年湖北枣阳九连墩1号墓出土

此件造型主体为"S"形龙,昂首曲身、卷尾、利爪。尾部附一条小龙,顾首曲身。器身饰鳞纹、卷云纹、弦纹。

龙形云纹玉珩(héng)

战国
长3.9cm 宽1.8cm 宽0.8cm 厚0.5cm
2002年湖北枣阳九连墩1号墓出土

珩位于杂佩上部,中间有孔,使用时弧朝上,可平衡佩饰。东周时期主要为半环、半璧形以及龙、虎等动物形。

玲珑透碧玛瑙寒

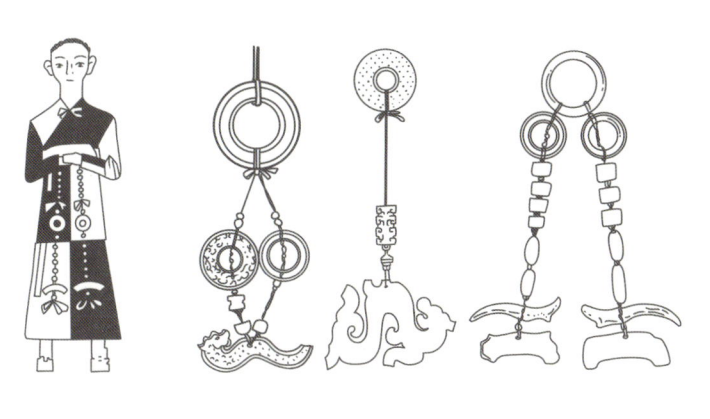

左：湖北荆州纪城1号墓彩绘偏衣佩饰女俑
右：东周时期组玉佩示意图（《周代用玉制度研究》）

瑗（yuàn）（玛瑙）

战国
外径5.7cm
孔径3.4cm
厚0.5cm
2002年湖北枣阳九连墩2号墓出土

玉带钩

战国
长4.8cm 宽2cm
1965湖北江陵望山2号墓出土

带钩最早见于新石器时代，古人用于束带、佩物，多用青铜铸造，也有金、银、铁、玉等制品。带钩流行于东周，汉末渐衰退。魏晋南北朝以后，带钩逐渐消失。

楚国八百年

第三单元
车马出行

楚国地貌多样,出行时车马舟楫各尽其用。楚车有乘车、畋(tián)车、兵车等,如乘车有"朱路""轩车"等,兵车有"乘广""楼车"等,皆有十余种。

楚人舟楫分军船、民船两类,但考古很难发现舟楫遗存。楚国水运十分发达,考古证实纪南城水门可供三船出入;鄂君启节记载:"三舟为舿",五十舿编队出行。

风中闻得车马喧

彩绘人物车马出行图圆奁（lián）（复原件）

战国
高10.4cm　口径28cm　胎厚0.3cm　周长87.9cm
1987年湖北荆门包山2号墓出土

　　漆奁，大约出现于战国中后期，主要作为盛妆器。最初的奁，除了用来盛装梳妆用具之外，还用来盛放食物和其他用品。

　　这件圆奁外壁彩绘了战国时代车马出行的场景，是目前发现最早的妆奁。在发现时，里面还装有花椒，以及铜镜等梳妆用具。目前仅存漆皮。

　　漆画绕漆奁盖外壁一周，画面以树木分隔为五段，内容大概是描述当时贵族出行场景。

场景一：初行

　　描绘贵族出行初始阶段，所乘的三马驾一车在两周比较常见，这三匹马被称为"骖"（cān）。车上乘三人，驾车者即御者和侧身者以及身份最高的正立者。车后一人随行，手中似持有一殳（shū），或为出行的护卫。

楚国八百年

场景二：驱驰

  描绘了两车十一人。前车为三马驾一车，车上乘三人，有旌旗，贵族出行时以旌旗表明身份。车后一人执殳以随行护卫。护卫后为奔跑的三名随从，三人大步前行和马匹配饰飘逸的形态显示，这是出行途中驱驰的场景。后车为两马驾一车，车上乘三人，也建有旌旗。

  左侧树下一人拜伏于地，可能是受派遣前来询问并引导来者的。

场景三：出迎

  图中共五人，右侧三人侍立于道旁，左侧二人向右而行，或为出迎车队的贵族。

场景四：相见

  描绘了主宾二者相见的场景。自左而右，前二人为侍立者，第三人为主人，与之对立者为宾客，其后为宾客之侍从和车马，车马右侧有一犬。此犬可能为主人所有，所以它才对宾客马车吠叫。

场景五

  仅绘有犬、猪各一只，作奔驰状，与前后场景似无直接关系。

第四单元
祈福祭祷

楚国贵族厚葬之风盛行。"葬埋必厚，衣衾（qīn）必多，文绣必繁，冢丘必巨"，楚人丧葬与当时中原的葬俗基本一致，但在墓圹（kuàng）形制、葬具、头向、随葬品种类及组合等方面有自身特点。

楚人有一套繁复绮丽招魂复魄的礼俗，《楚辞·招魂》中的"魂兮归来"正是其反映。

经年幽冥镇邪魔

木雕伏虎
战国
高14.4cm
长60.4cm 宽11.2cm
1987年湖北荆门包山2号墓出土

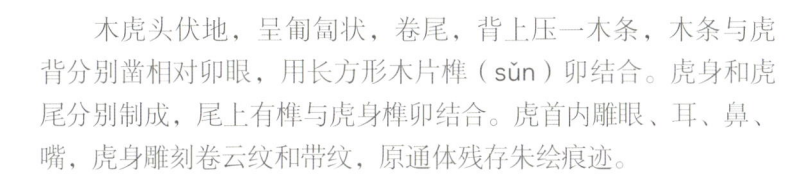

木虎头伏地，呈匍匐状，卷尾，背上压一木条，木条与虎背分别凿相对卯眼，用长方形木片榫（sǔn）卯结合。虎身和虎尾分别制成，尾上有榫与虎身榫卯结合。虎首内雕眼、耳、鼻、嘴，虎身雕刻卷云纹和带纹，原通体残存朱绘痕迹。

小知识：镇墓兽
镇墓兽是春秋战国时期高等级楚墓中常见的随葬品，多以漆木制成，少数为陶木或铜木复合，通常由头身、底座和头顶榫接的鹿角三个部分组成，其功能可能是辟邪、厌胜。

彩绘龙云纹单头镇墓兽

战国
高90cm
鹿角长51.56cm　身高34cm
座边长26cm×27cm　高15cm
1976年湖北江陵雨台山6号墓出土

龙座飞鸟／彩漆鹿角木卧鹿

战国
飞鸟，高109.6cm　宽47.6cm
卧鹿，高96.8cm　身高41.2cm　长56.6cm　宽34.9cm
2002年湖北枣阳九连墩2号墓出土

此器由龙、蛇、凤鸟及鹿角组成。卧龙整体圆雕成伏卧状，龙首瞪目前望，身下盘卷着两条大蛇，两蛇由龙尾游逸伸向龙首两边翘首前望，其上各站立一小鸟，龙背上立着一只振翅欲飞的凤鸟，其背上插着一对真鹿角。通体髹（xiū）黑褐色漆，用红漆绘多种纹样。

木卧鹿整体圆雕成反首盘曲状，头身从颈部榫（sǔn）合，头上插着一对真鹿角。通体髹黑褐色漆，上面彩绘斑纹。

彩绘漆棺

战国

长184cm 宽46cm 高46cm

1987年湖北荆门包山2号墓出土

四方龙凤彩云间

严仓漆棺元素

  楚国贵族使用的棺多经过髹（xiū）漆彩绘，漆棺纹饰体现了楚人的信巫好鬼的风俗特征。楚地墓室常常处于饱水状态，加之用膏泥密封，有利于漆棺的保存。

  该棺内外施黑漆，棺外除底外，其他五面黑漆底上均施满彩绘。棺盖及两侧壁板绘六个单元龙凤纹图案。每个单元四龙四凤，凤压于龙纹之上，龙凤纹间填红彩，整体为四方连续结构。在棺盖及其他四面均安装铜铺首衔环。

> **小知识：绞衾（qīn）殓（liàn）葬**
>
>   先秦时期贵族下葬之前，有一套完整的殓尸程序。其中最主要的是小殓、大殓，即用多层衣服、衾被将死者的躯体包裹，并用布带（即"绞"）系束。1982年在湖北江陵马山1号楚墓，墓主被11层衣衾包裹，外面再用锦带横向捆扎九道。

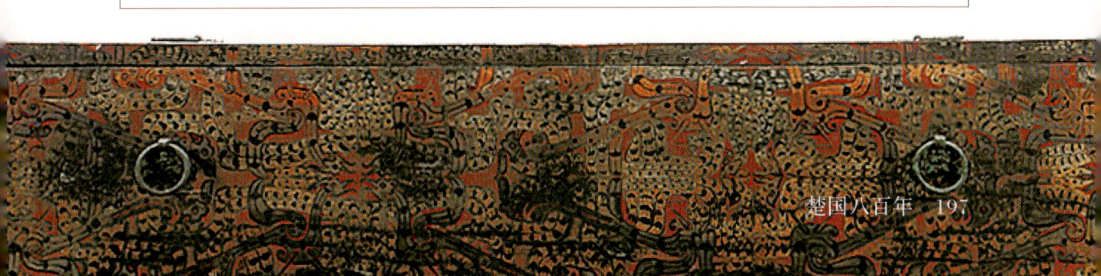

第三部分

上下求索

　　老子、庄子道家思想塑造了中国无为而治、崇尚自然的传统；《楚辞》《庄子》是中国辞赋和散文的重要源头。楚人吸收商周中原文化的精髓，上下求索，孕育出博大精深的哲学、独领风骚的文学和神秘瑰丽的艺术。楚地出土简帛文字、漆画图像，为研究楚国乃至先秦文化艺术提供了珍贵的材料。

第一单元
老庄哲思

老子与庄子是先秦道家的代表。老庄认为世界的本质是道,"道生万物","道法自然",有无相生。道家"以虚无为本",治天下"以因循为用",是中华传统文化的根底,对后世产生了深远影响。

老子

老子,陈国苦县人,有《老子》一书传世。其思想以"道"为世界的本原:"道生一,一生二,二生三,三生万物。"强调真理的相对性,"有无相生,难易相成,长短相形,高下相倾",事物依条件而转化,主张"无为而治""小国寡民"。

老子是中国第一个建立完整思想体系的思想家,道家的创始人。荆门郭店楚墓和长沙马王堆汉墓分别出土了竹简本和帛书本《老子》。

岁月漫漫简书长

郭店楚简《老子》乙

战国
亚克力板，长38cm 宽3.4cm
1993年湖北荆门郭店1号墓出土

郭店楚简《老子》抄写于战国中期，是目前所见最早的本子。它按形制分为三种，存2046字，不分道经和德经。与传世本相比，没有关于"道"的理论，以及"小国寡民"理想社会的阐述，没有"绝仁弃义""绝圣弃智"等与儒家学说相抵牾的内容，或是楚国官方的传习读本。

庄子

庄子，名周，战国时期蒙人。庄子认同"道"是世界的本原，但把道推向虚无；主张相对主义，否认客观真理；在"天道无为"的前提下，追求逃避现实的精神自由，以达到"天地与我并生，万物与我为一"的境界。《庄子》文章汪洋恣肆，想象丰富，是先秦诸子文章的典范之作。

第二单元
屈宋辞赋

屈原、宋玉、唐勒、景差（cuō）等楚人以方言歌咏，创作了大量诗赋，后人辑为《楚辞》。楚辞句法参差，篇幅自由，文辞瑰丽，以屈原所作《离骚》《天问》《九歌》等成就最高。

屈原

屈原，名平，字原，楚国贵族。屈原早年受楚怀王信任，因主张联齐抗秦被疏远。楚顷襄王时又遭放逐。公元前278年，郢都被秦兵攻破，一直"眷顾楚国，系心怀王"的屈原遂投汨罗江而死，以身殉国。

屈原以强烈的爱国情感、丰富的想象、华丽的辞藻"依诗取兴，引类譬喻"。他开创的以香草美人比喻忠贞、隐喻政治的传统，对后世文学和士大夫精神影响极大。

宋玉

宋玉，传为屈原弟子。宋玉赋现存《九辩》《风赋》《高唐赋》《神女赋》《登徒子好色赋》《对楚王问》等诸篇。

宋玉是屈原诗歌艺术的直接继承者。在他的作品中，物象的描绘趋于细腻工致，抒情与写景结合得自然贴切，在楚辞与汉赋之间，起着承先启后的作用，在赋的发展史上具有重要地位，后人多以"屈宋"并称。

《九歌图》

明代

李公麟款，长368cm　宽31cm

李公麟（1049—1106年），字伯时，号龙眠居士，安徽省舒城人。北宋著名画家，一生作画无数，擅画人物、佛道像、山水、花鸟，更以白描画法独步当世。《宣和画谱》载其绘有《九歌图》，历代追慕者众多。

本件为托名之作。根据《九歌》内容，以白描手法依次绘东皇太一、云中君、湘君、湘夫人、大司命、少司命、东君、河伯、山鬼、国殇，人物传神，笔法精练。

楚屈子赤角簠（fǔ）

春秋

长27.7cm　宽20.7cm

1975年湖北随州鲢鱼嘴出土

此器底、盖内壁均有铭文："唯正月初吉丁亥，楚屈子赤角媵（yìng）仲芈（mǐ）璜飤（sì）匡，其眉寿无疆，子子孙孙永保用之。"铭文内容记录屈子赤角为族内女子"芈璜"出嫁作媵器一事。屈、景、昭为楚三大姓，为王族的分支。

第三单元
竹帛丹青

楚人西周时期采用中原文字。春秋战国时期，各地"言语异声，文字异形"，楚文字字形结构形成了与其他各国不同的特色。考古发现楚国的金文、简帛文字众多，是研究先秦历史、文化的重要材料。

楚贵族漆棺内外往往饰有彩绘，长沙楚墓出土有帛画、帛书，这些丹青彩绘形象地展现了楚国的文化风貌。

简牍

以竹木简牍作为文字的书写载体，在我国有悠久的历史。曾侯乙墓竹简是目前所见最早的简册。战国简牍大多发现于楚地，除部分属于战国末秦简外，多数是楚简。楚简简文内容丰富，可分为典籍、文书、卜筮祭祷记录、日书及遣策等。

楚简

20世纪50年代以来，在楚国故地发现了大量战国时期的简牍，据不完全统计，有55批、10万字以上。内容有卜筮丧葬记录、司法行政文书和典籍文献等，丰富了人们对先秦文化的认识，极大改变了先秦学术史。

新出土战国楚简

2019年，在湖北荆州出土324枚战国楚简，载有东周时期12位楚王谥号和部分楚国高级军事职官名称，以及周武王、周公旦相关事迹，部分内容不见于典籍，为佐证西周初年重大史实、研究楚国历史和政治军事思想等提供了重要资料。

典籍类简

　　春秋战国时期百家争鸣，各种学说以书籍的形式流布四方，但因战乱及政治等原因，很多书籍在战国秦汉时就已失传。在出土简牍如郭店楚简、上海博物馆及清华大学收藏的战国竹简中，发现了大量亡佚的先秦儒家、道家典籍。

行政司法类官文书

　　文书指以文字为主要方式记录信息的书面文件，按性质可分为公文书和私文书，前者也被称为官文书。楚地出土竹简中有相当数量的与行政、司法有关的记录，为了解楚国的社会状况、行政管理体系、法律制度提供了丰富而翔实的资料。

包山竹简

战国
长64.1～69.5cm
亚克力板，长75.3cm　宽2cm
1987年湖北荆门包山2号墓出土

　　该墓出土196枚司法文书类竹简，均为正反两面，记录了若干独立的事件或案件。其中简15、16、17是个人致官府的文书，简128是上级官府致下级官府的文书。

简中铭刻家国事

望山楚墓卜筮祭祷简

战国
最长52.1cm　宽2cm
亚克力板，长66.8cm　宽2cm
1965年湖北江陵望山1号墓出土

卜筮祭祷简是古人关于疾病及岁月吉凶的贞卜记录。目前卜筮祭祷简主要出土于湖北、河南等地的楚墓。荆门包山2号墓简文祭祷的祖先有老僮、祝融、鬻（yù）熊、昭王和楚国的一些封君。

望山1号墓出土的竹简是我国最早发现的卜筮祭祷竹简，竹简内容为墓主悼固的卜筮祭祷记录。

遣策

战国
长72.5cm左右
1987年湖北荆门包山2号墓出土

遣策是古代记载随葬物品名称、数量的清单。战国、秦汉时期的遣策是研究中国丧葬礼俗、社会生活的第一手资料。

小知识：竹简的制作与书写

竹简从选竹到编连成册需要如下工序：
1. 选料。一般选毛竹或慈竹。
2. 剖片。将竹筒剖成规定的长、宽、厚。
3. 杀青。以火烤干竹内水汽，使竹由青而黄。
4. 刮削。刮削篾黄面以便书写。
5. 修出契口。为编连方便在竹简两侧刻出三角形契口。视简长短，用丝或皮编成两栏或三栏。

楚国八百年

第四单元
信仰崇拜

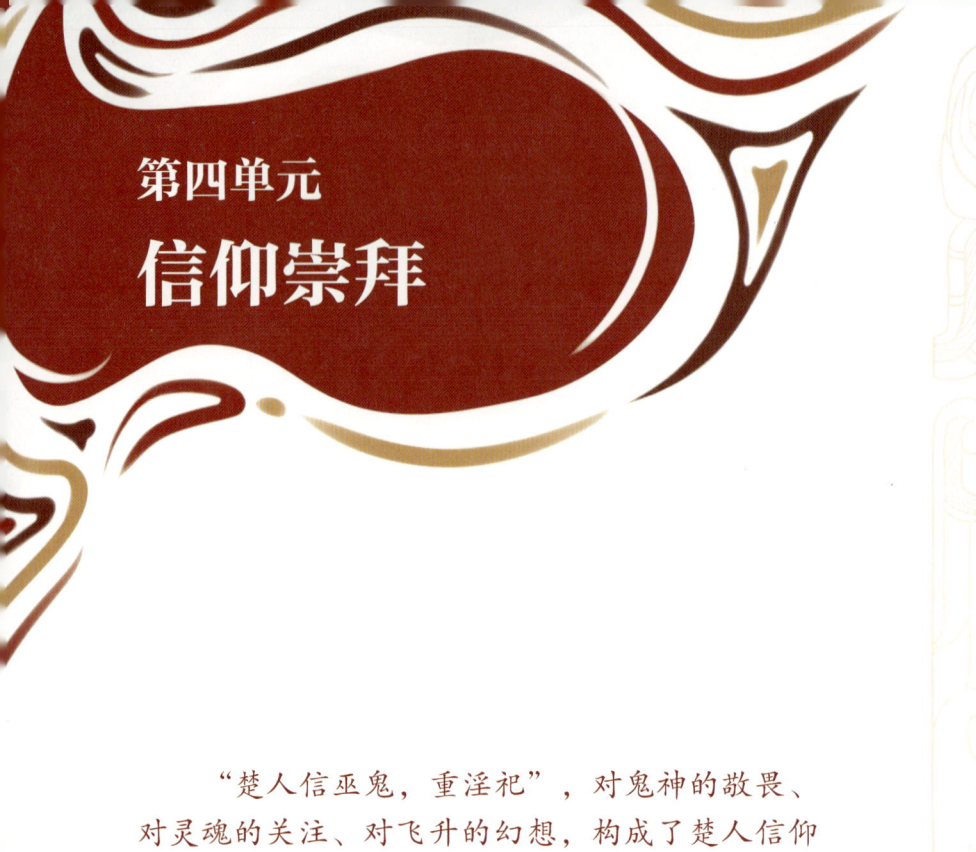

"楚人信巫鬼，重淫祀"，对鬼神的敬畏、对灵魂的关注、对飞升的幻想，构成了楚人信仰崇拜的核心。羽人、神树、帛画等揭示了楚人对宇宙和生命的独特理解。

楚人祭祀

《楚辞·九歌》中楚人所祀天神有东皇太一、东君、云中君、大司命、少司命；地祇有河伯与山鬼；人鬼如湘君、湘夫人。

楚人的祭祀基本遵循周礼。依照周礼，诸侯只能祭境内山川。楚昭王在救陈途中生病，占卜为黄河作祟。昭王认为，楚国只能祭祀长江、汉水、雎（jū）水和漳水，因此不肯祭黄河。孔子称赞昭王"通大道"。

赐我神力飞九天

羽人玉佩

战国

长13.8cm 宽3.5cm 高1cm

2002年湖北枣阳九连墩1号墓出土

　　新石器时代的良渚文化、商代大洋洲墓葬都曾出土羽人的形象，战国中晚期出现的羽人则与神仙信仰的出现有关。早期人类普遍崇尚飞行能力，巫师常常利用各种仪式和药物进入昏迷状态以模拟飞行，显示法力，鸟类、羽毛等飞行符号也成为他们拥有超自然能力的象征。

　　这件玉佩透雕羽人，兽首人面。头部以两只反首相背的凤鸟为冠，双翅收拢于胸前，全身阴刻羽纹、鳞纹。

第四部分

惊采绝艳

楚国艺术多彩多姿。如青铜器、漆木器、玉器、丝织品，常常见到新意迭出、惊世动人的绝品。其题材多样，装饰崇尚繁缛细密，色彩丰富瑰丽，线条运用飞扬流畅，纹样多采用抽象手法。

第一单元
铄石镂金

春秋战国之际青铜器制作出现新技术、新器型、新纹样，楚国青铜器采用和发展了范铸法、熔模铸造法制作出纹样繁缛（rù）、结构复杂的作品，采用错金银、填漆、镶嵌等装饰工艺，产生了灵动华丽的审美效果。楚国青铜器堪称中国青铜时代高峰的代表。

铜案

战国
高12.4cm　长43.8cm　宽32.4cm
2002年湖北枣阳九连墩1号墓出土

此器表面采用镂空图案，四角上翘，两侧近旁处有四个对称的兽形蹄足。

小兽大力承重担

时空流转回故里

嵌地几何云纹铜敦（duì）

战国
高22.6cm 口径17.5cm
腹深9.1cm
1974年湖北秭归斑鸠窝1号墓出土

　　青铜镶嵌工艺是在铸造好的青铜器表面，据事先留出的纹样空间嵌入其他材料，如金银、红铜、绿松石等，再将表面打磨平整，利用与青铜相异材料的色彩，达到纹饰与铭文鲜明华丽的效果。

　　此器器底、盖顶均为三兽首形钮，口部相对四个环形钮，器底、盖顶及器腹均饰涡纹、云纹等。此器原藏秭归屈原纪念馆，1988年被盗并在美国纽约苏富比拍卖行拍卖，后经中美两国政府努力，于1989年追回。

云纹铜壶

战国
高30cm
口径13.5cm 腹径31cm
2006年湖北襄阳陈坡10号墓出土

千古不朽繁华梦

　　整器纹饰繁缛，铸制精美。盖面和器身使用孔雀石和白铅矿镶嵌花纹。盖面镶嵌有两圈花纹，内圈为几何形勾连云纹，外圈为粗线勾连云纹，钮上饰云雷纹、圆点纹，壶口外缘及颈、肩、腹部镶嵌有多道勾连云纹，环上饰勾连云纹。

嵌花漆粉扮容颜

髹（xiū）漆铜樽

战国
高17.1cm　口径24.4cm　底径21.5cm
1965年湖北江陵望山2号墓出土

　　在青铜器表面髹漆，既可以使器表更美观，也可防止金属锈蚀。此种工艺在商代即已使用。战国时期，青铜器髹漆工艺与磨错工艺相结合，不仅限于填错纹饰，也可直接着色于素面铜器表面。

　　此器盖和器身满布纤细繁缛的花纹。盖面与腹部表面则为嵌错花纹，镶嵌料为粉剂加漆，凹槽粗的为铸制，细的为錾（zàn）刻，刻纹细如毫发。出土时器呈黑灰色，嵌错部分略显灰白色。

有花有酒灯不眠

人擎铜灯

战国
高16.3cm　盘口径8.6cm
1987年湖北荆门包山2号墓出土

此灯在遣策上记为"二烛桶（yōng）"，由灯盘、灯柱和铜人组成。铜人头挽右髻，发髹（xiū）黑漆，额头宽大，浓眉大眼，直鼻，小嘴，圆颔，耳微外侈。穿着右衽广袖深衣，左手捂胸，右手执灯。柱座上铸四分蟠螭纹，深衣下摆错红铜勾连纹。此器虽小，细节丰富。

人骑骆驼灯

战国
高19.2cm　灯盘径8.9cm
1965年湖北江陵望山2号墓出土

此灯由豆形灯与人骑骆驼形灯座两部分组成。铜人昂首直腰骑坐在骆驼上，头部较大，圆胖脸型，面向正前方。两手屈肘前伸托住管形铜圈，双腿屈膝弯足贴于驼身两侧。骆驼的头向前伸，弓背垂尾，四足立于长方形铜板上。

骆驼为北方、西域牲畜，本件是楚国与异域商贸交流的证物。

金龙银凤系腰间

错金银龙凤纹铁带钩

战国

长46.2cm 宽6.5cm 厚0.5cm

1965年湖北江陵望山1号墓出土

错金银亦称金银错，约始于春秋晚期，盛行于战国中晚期至西汉。

错金银是先在青铜器表面留出浅凹的纹饰或字形，在浅槽内嵌入细薄的金银片或金银丝，然后用错石或其他材料磨错，使嵌入的金银片（丝）与铜器表面平滑，最后在器表用木炭加清水进一步打磨。

铜熏杯

战国

口径12.2cm

底径10.3cm 高14.7cm

1981—1989年湖北江陵九店24号墓出土

第二单元
髹器饰纹

漆器是中国对人类文明的伟大贡献。鄂西是中国漆树的原产地之一。

楚国漆器种类繁多，应用广泛，礼器、兵器、用器、葬具，几乎无所不包。考古发现春秋时期的楚国漆器多仿青铜礼器，战国时期日用漆器大大增加。楚国漆器造型奇幻，制作精巧，纹样华丽，色彩鲜艳，在先秦工艺美术史上独树一帜。

花上龙蛇盘旋舞

彩漆龙蛇花瓣盘

战国
高19.7cm　盘口径13.2～15.4cm
底径11.8～12.4cm
2002年湖北枣阳九连墩1号墓出土

此盘由16片花瓣黏接盘底而成，柄、座由整木雕刻的一龙一蛇纠结而成，龙头为支点，龙前爪托盘，后爪攫住蛇身，龙口衔蛇。通体黑漆为地，髹（xiū）土红、赭色漆和土黄、中黄粉彩绘花纹。

笾豆盛来果实香

四龙纹漆笾（biān）

战国
高31cm
口长39.4cm
宽35.5cm
2002年湖北枣阳九连墩2号墓出土

笾从豆分化而来，有竹制、木制、陶制和铜制等多种，祭祀宴飨（xiǎng）时用来盛果实、干肉。

同杯共饮结同心

彩绘凤鸟双连杯

战国
长17.6cm
宽14cm
高9.2cm
1987年湖北荆门包山2号墓出土

双连杯是中国古代夫妇进行合卺（jǐn）礼仪时的用器。它起源于原始社会，流传久远。

这件双联杯是先秦时期新婚夫妇行合卺之礼所用的酒杯，杯底用一竹管相通，行礼时夫妇各执一根管子放入杯中，以同饮一杯酒来表示从此开始共同的生活。它是中原文化与楚文化相结合的产物，反映楚人独特的婚姻观念。

彩漆木屏形瑟座

战国

长53.3cm　宽16cm　高14cm

2002年湖北枣阳九连墩2号墓出土

此器屏面正中透雕双凤衔蛇，两侧雕刻双鹿、衔蛇朱雀、青蛙等动物，屏座两边与底部雕刻缠绕纠结的蟒、蛇。座屏构思奇妙，雕刻精美，是楚人漆器艺术中的代表作，有研究认为它是置放瑟的支座。

佳人锦瑟度华年

彩绘鸟兽纹矢箙（shǐ fú）面板

战国

高 23.5cm

上宽 22cm

下宽 18cm

1965年湖北江陵沙冢1号墓出土

矢箙，古代指箭袋。此器为木质透雕。中间以一只向下俯冲的凤鸟为轴线，两边各雕有一兽一鸟。鸟首面向凤鸟，站立在作回首状的兽头之上。全器以红漆为地，在凤鸟、兽、鸟、云纹上施以褐色漆。

弓箭在弦鸟兽散

席间飞鸟伴蛇飞

匜（yí）形杯

战国
高13.1cm
带流长16.2cm
口宽19.2cm
2002年湖北枣阳九连墩2号墓出土

　　此杯盖面浮雕一鸟三蛇，一蛇衔于鸟嘴，鸟翅分置盖侧呈飞翔状，二蛇缠绕在鸟翅之间。器身雕刻成凤形，凤口衔珠。整器黑漆为地。器盖髹（xiū）红漆。鸟、蛇上绘形体、羽毛、鳞片的轮廓，填以土黄粉彩。凤身饰变形凤鸟纹，腹部绘四条相互缠绕的二足龙。

匜形杯盖面线稿

金杯玉盏猪儿肥

彩绘猪形盒

战国
长28.4cm 高22.6cm
1986年湖北江陵雨台山楚墓出土

这件猪形盒是2000多年前的食盒,由两只身体相连的小猪组成,猪口微敛,两耳朝后,弧形壁,平底,盖面周边起棱。盒内髹(xiū)红漆,盒外髹黑漆,并用红、黄漆彩绘卷云纹、勾连卷云纹等纹样。

最是娇妍女儿妆

彩绘三角形纹盏形器

战国
高28.8cm
直径6.7cm
1987年湖北荆门包山2号墓出土

漆器遍布古代楚人生活的方方面面,这件小香盒应是当时贵族女子用于梳妆的器具。先秦时期的漆器被广泛应用于生活的各个方面,当时的漆器生产遍及黄河、长江流域各诸侯国,规模大,品种剧增至近百种,是当时最重要的生活器具品类。

第三单元
理璞治玉

玉为美石。周人"比德于玉",并赋予玉礼器功能,在服饰、祭祀、葬仪中都有体现。楚人好玉,"灵衣兮被被,玉佩兮陆离"。楚玉袭中原风格,但不乏新意。

三人踏豕(shǐ)玉饰

战国
长5.1cm 宽3cm 厚0.4cm
2002年湖北枣阳九连墩2号墓出土

本件玉饰雕成三人叠立踏于猪上的纹样。三人五官清晰,窄袖长裙,袖手而立。猪张口作奔跑状,是目前所见中国较早的杂耍纹样。

此件玉器的造型和纹饰具有北方中山国的特征,2号墓还出土了铜立鸟盆,有研究者认为2号墓墓主可能来自北方。

三人踏豕正反面示意图

杂技献礼初乍现

楚国八百年

双双对对舞罗裙

透雕双身龙凤玉佩

战国

长8.3cm 宽6.2cm 厚0.4cm

2002年湖北枣阳九连墩1号墓出土

"对鸟"艺术于7000年前的河姆渡文化中开先河，商代殷墟妇好墓又见其例。西周晚期河南三门峡虢国墓地也曾出土兽面双鸟佩。这件透雕玉佩图案对称，由两对凤鸟和一首双身龙构成透空等腰三角形。

透雕蟠虺（pán huǐ）纹玉佩

战国

长4.5cm 宽2.9cm 厚0.3cm

2002年湖北枣阳九连墩2号墓出土

此器通体雕成首尾相交的四条无角之蟠虺，上下各两条，蟠虺身体相连，左右对称。下部两条蟠虺顾首曲体相向侧卧。上部两条顾首曲体相背。器身双面以阴线刻饰卷云纹、鳞纹。

第四单元
织文绣画

中国是世界上最早生产丝织品的国家。商代、西周墓中就有丝织品发现。楚国丝织品种类多样，有绢、纱、绨、绮、罗、锦、绦、组和刺绣等；纹样丰富，有几何形纹、植物纹、动物纹和人物纹等；色彩绮丽，有红、黄、棕、绿、褐、黑、钴蓝、藕色、灰白等。楚国丝织品代表了先秦丝织品工艺技术的最高水平。

虎纹 　　　　　　　　　　　三头凤纹

花卉纹 　　　　　　　　　　花卉纹

结语

本展览以文物为基础，展示了楚人在八百年历史长河中创造的物质财富和精神文化风貌。从楚人族属、文字、礼仪、文物面貌等多方面看，楚国八百年的强国之路是其包容夷夏、奋发进取的结果。

梁庄王珍藏
——郑和时代的瑰宝

　　梁庄王朱瞻垍（jì）（1411—1441年），是明仁宗朱高炽（1424—1425年在位）的第九子，封地位于今湖北钟祥。

　　作为重要的皇室成员，亲王和王妃的礼仪服饰、生活用具、精神信仰，皆遵从皇家礼法制度，深受宫廷影响。梁庄王及王妃生活的时代，正值朝廷派遣郑和船队远航西洋期间。本篇通过展示梁庄王墓出土的珍贵文物，再现了梁庄王及王妃的贵族生活。

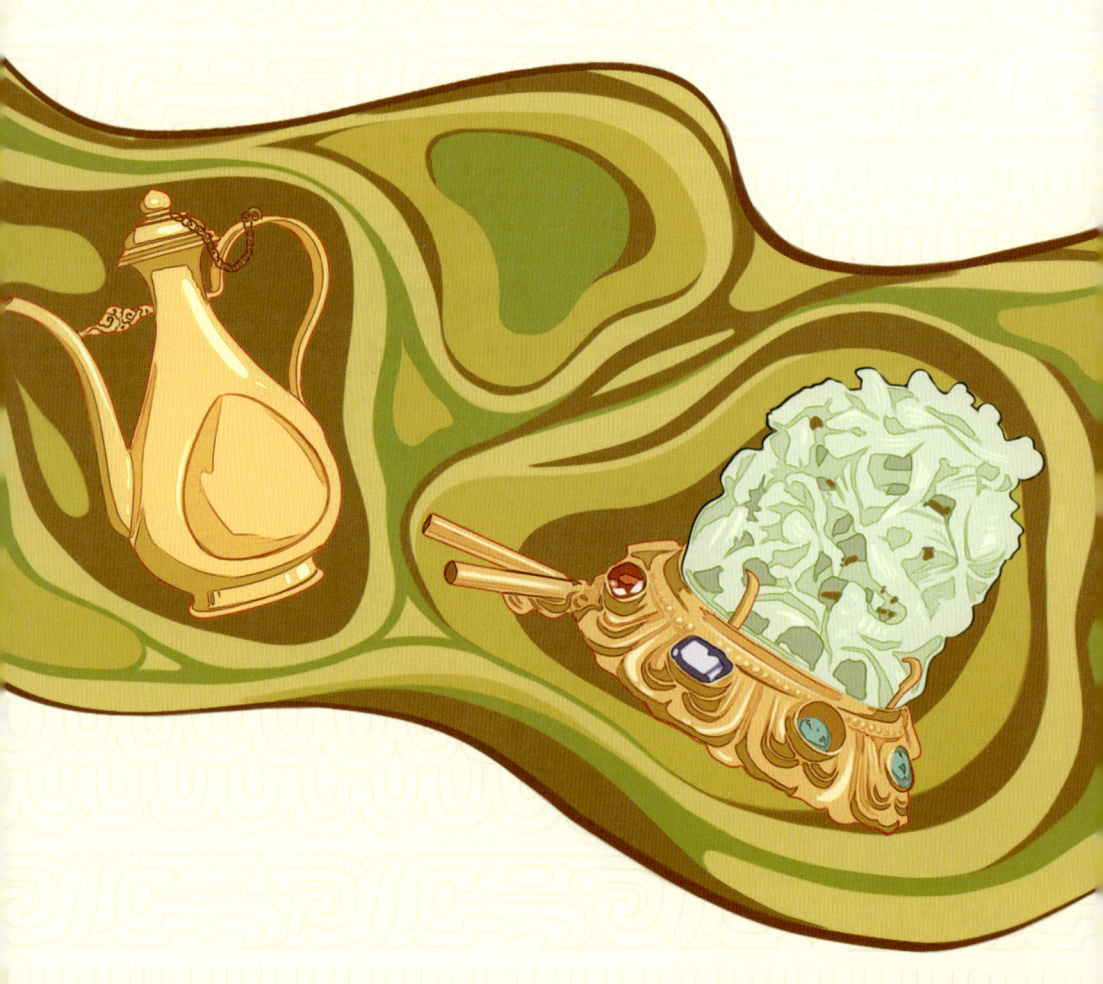

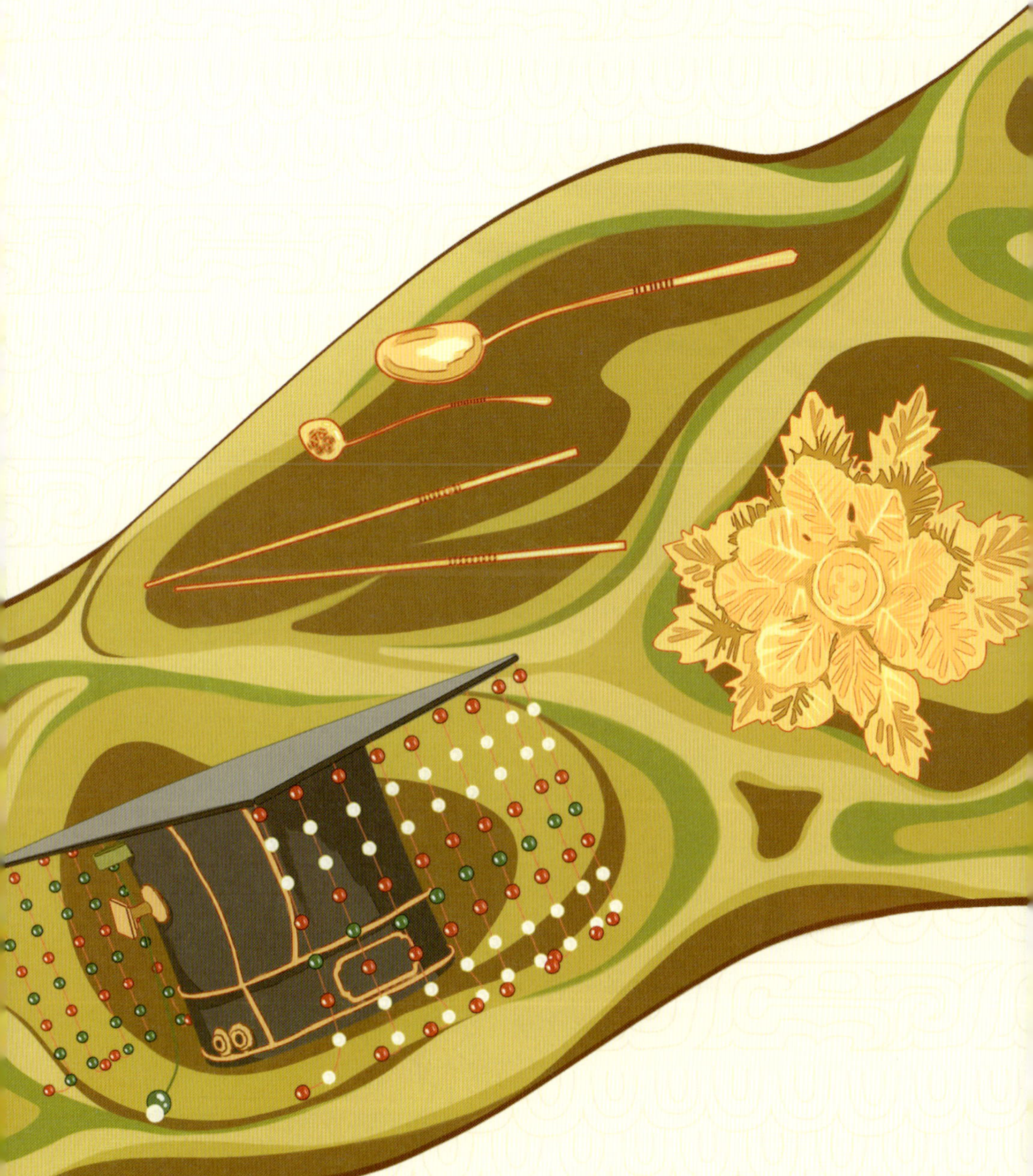

第一单元
天潢贵胄

朝廷赐予的封地和俸禄为梁庄王提供了精致的生活。梁庄王墓出土的文物向人们展示了这一切。如：礼仪场合中，衣服衮（gǔn）冕，腰系的玉带，手持的玉圭；日常生活中，金爵盛酒，瓷钟奉茶，银盒储物；宗教信仰中的金大黑天密教法器等。

梁庄王墓是朱瞻垍（jì）与魏妃的合葬墓，位于钟祥长滩镇大洪村龙山坡，共出土金器、玉器、瓷器等珍贵文物5300件。在已发掘的明代十余座王墓中，梁庄王墓的墓葬规模不是最大，但随葬物品的丰富与精美程度仅次于明十三陵中的定陵，是21世纪以来明代考古工作的一项重大成就。

亲王衣冠

礼仪服饰是皇室彰显宗亲政治身份及地位的重要载体。亲王礼服有衮（gǔn）冕与皮弁（biàn）服，便服有常服与保和冠服。

亲王参加助祭、谒庙、朝贺、受册、纳妃等礼仪活动时穿着衮冕，参加朔望朝、降诏、降香、进表、四夷朝贡、朝觐等活动时穿着皮弁服。

冕冠

金、玉
高18cm 长49.4cm 宽30cm 重372.9g

冕冠是衮冕服制中的礼帽。永乐三年（1405年）规定，亲王冕冠前后各九旒（liú），冕旒串珠应有五色。梁庄王墓所出的冕冠，串珠颜色仅四种。出土时冕冠綖（yán）板（冠顶板）和冠卷（冠周沿）已朽，尚存140件金玉附件。

天潢衣冠成古丘

梁庄王珍藏

皮弁

金、玉
高18cm　长49.4cm　宽30cm

皮弁是古代帝王和士大夫在祭祀或朝会时戴的礼冠。据文献记载，明亲王皮弁外用乌纱，前后各九缝，每缝饰五色玉珠九颗。

帽顶

帽顶是笠帽顶部的饰物。笠帽是一种有大沿的帽子，元代王公贵族以戴笠帽为常。到了明代，笠帽作为王公贵族的燕居之服被保留下来。依佩戴者的身份等级，帽顶可用玉、金、银、玛瑙、水晶、香木等装饰。

金镶无色蓝宝石帽顶

金、红宝石、蓝宝石
高7.5cm　底径4.8cm

这件帽顶由金镶宝石莲花底座和蓝宝石顶饰组成，现存宝石10颗。座顶端拴丝镶1颗近200克拉的橄榄形无色蓝宝石，是目前考古发现最大的蓝宝石。郑和下西洋沿线重要的蓝宝石产地为印度、斯里兰卡。

冠闪金光远京城

金累丝镶宝石帽顶

金镶宝石白玉云龙帽顶

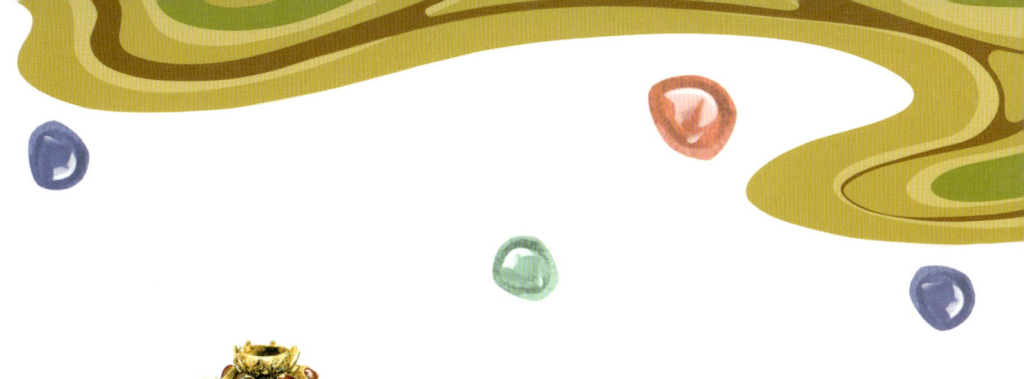

金累丝镶宝石帽顶

金、红宝石、蓝宝石
高3.4cm　底径5cm

　　该帽顶底座自上而下采用"花丝工艺"镂空成五层，共镶有宝石18颗。下层座面及座柄上皆饰莲瓣造型，器身镶嵌的红、蓝宝石点缀其间。座顶造型为八瓣仰莲花，原嵌的一颗宝石已失。

金镶宝石白玉云龙帽顶

金、玉、红宝石、蓝宝石、绿松石
高7cm　底长径7.8cm　底短径7cm　重114.6g

　　此帽顶覆莲瓣底座面上镶红宝石、蓝宝石、绿松石。顶面镶嵌1件白玉透雕单龙穿云饰，龙身蟠曲于云丛中。

花簪

花簪是指带有花饰的簪子，为中国古代女性的一种首饰。

发簪的历史源远流长，在新石器时代已有骨发簪。最初人们为了方便劳作，用来收束发丝。簪子最初也叫"笄"，《说文解字》中记载："笄，簪也。"。其实一开始，簪子男女通用。男子用簪，不止簪发，更重要的是簪冠——固定帽子用，特别是官帽。后来才演变成妇女插发的首饰。

醉里簪花倒著冠

金牡丹花簪

金

长13.4cm　簪头花瓣宽10cm　厚3cm　重60g

这支花簪出土于梁庄王棺床上，簪头牡丹花由四层花叶组成，叶面有叶脉纹，层间夹有花须。

小知识：成祖簪花

据《陔（gāi）余丛考》引明王元桢《漱石闲谈》记载：明成祖朱棣参加迎春庆典活动，仪式中有国子监学生为成祖簪花的程序，学生们可能是畏惧龙颜，没有人敢上前给皇帝簪花，当时有一个叫邵玘（qǐ）的监生站出来，为成祖簪了花。

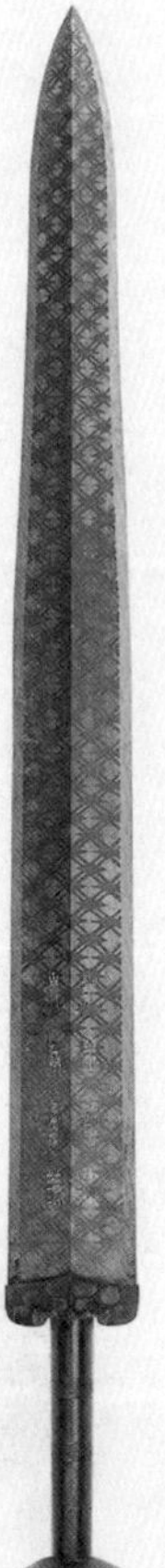

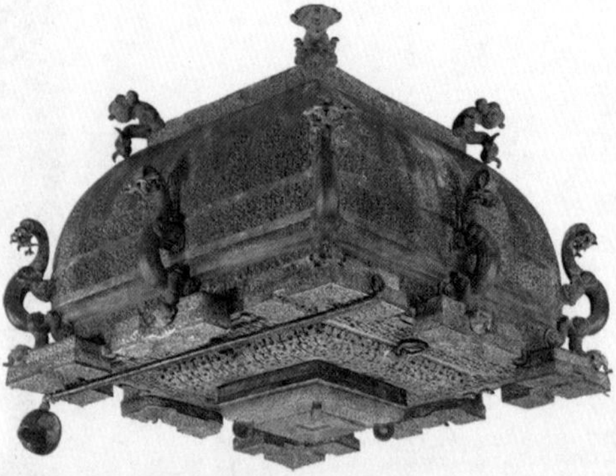

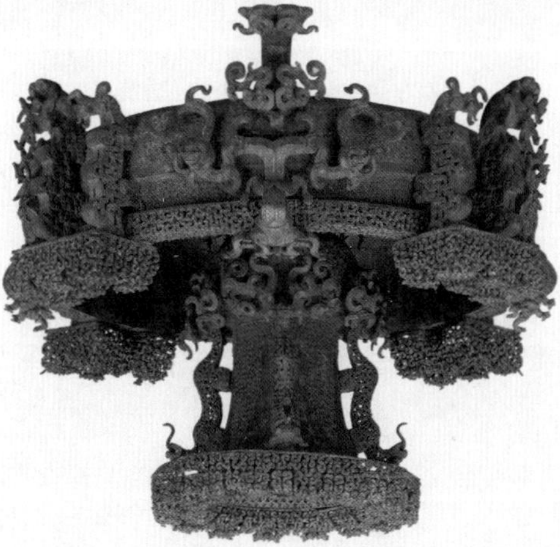

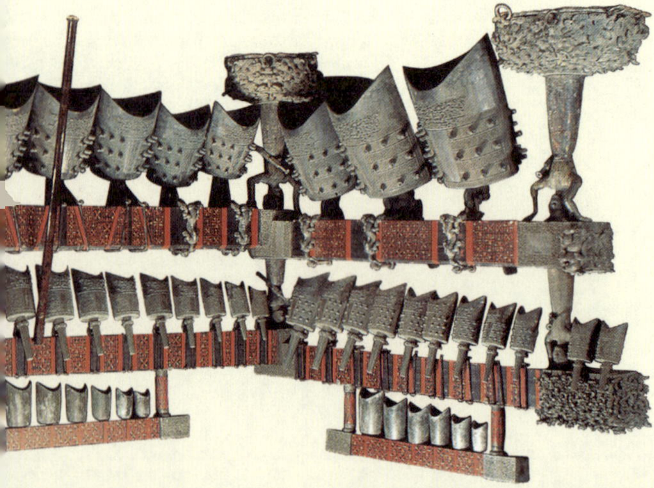

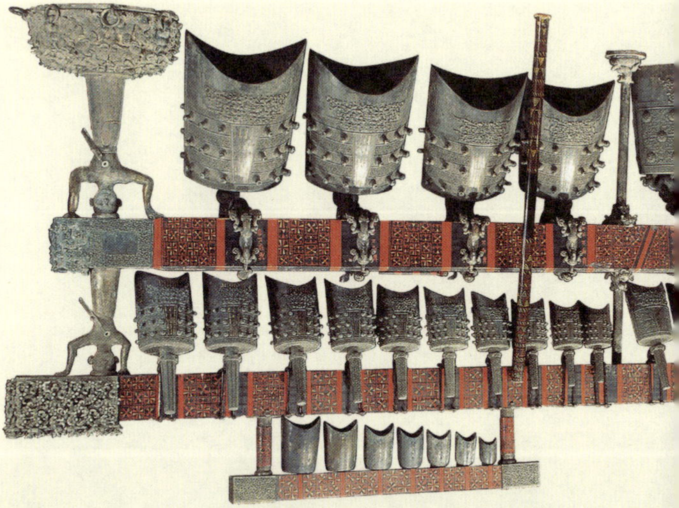

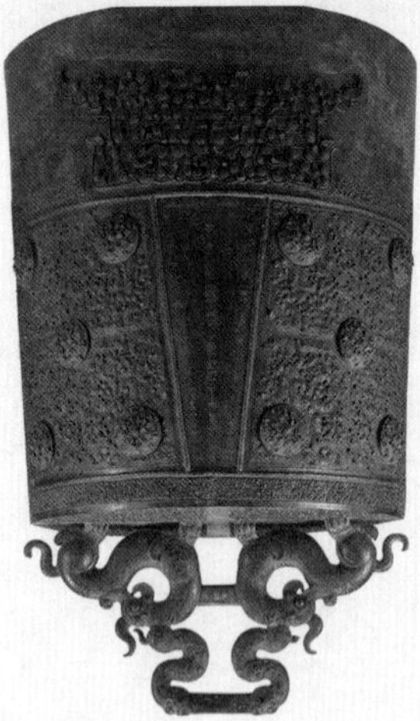

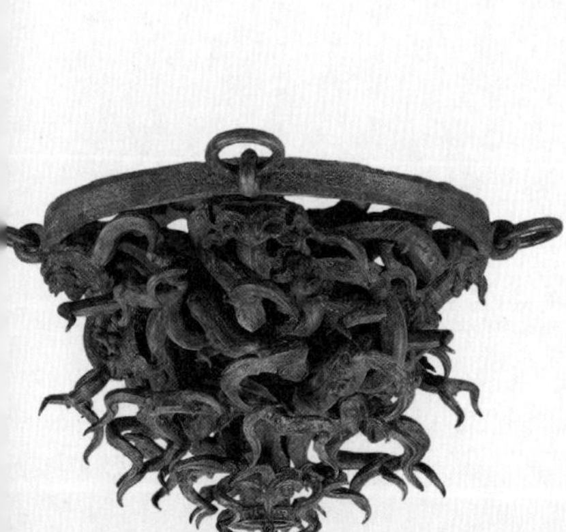

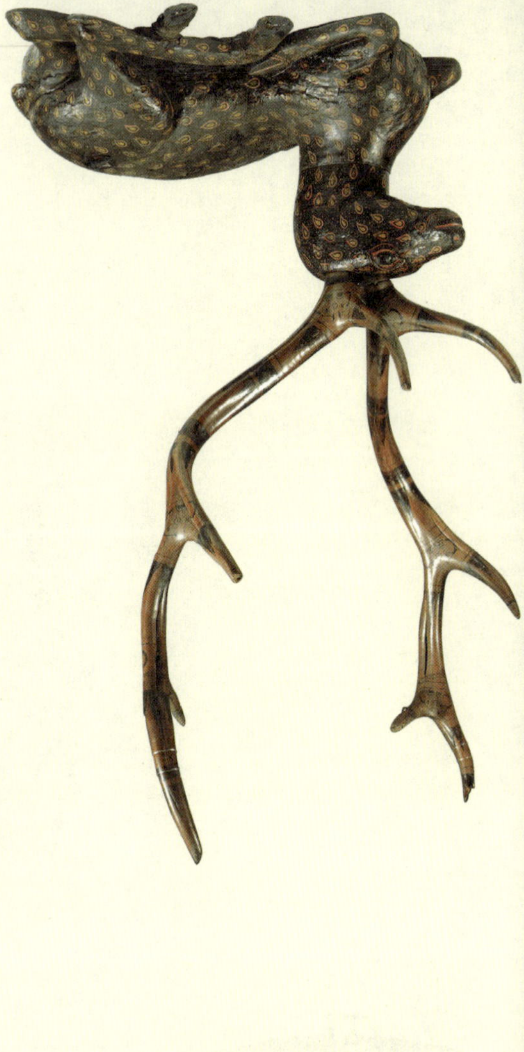

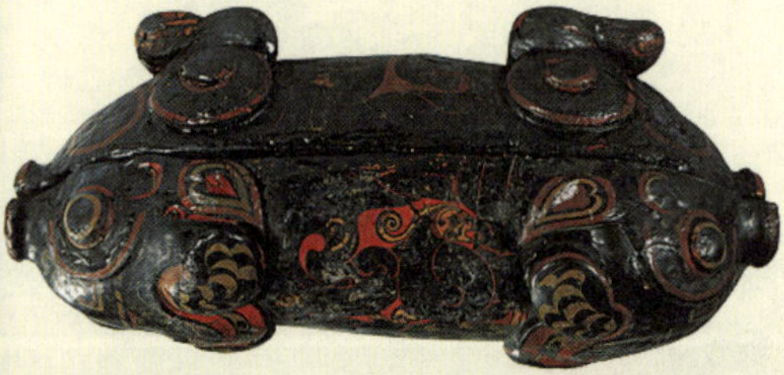

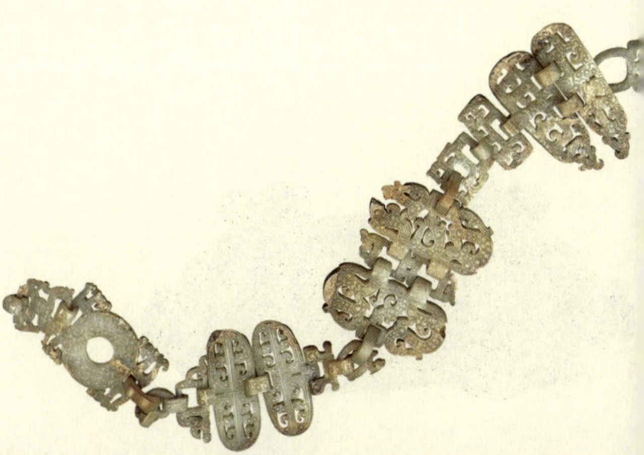

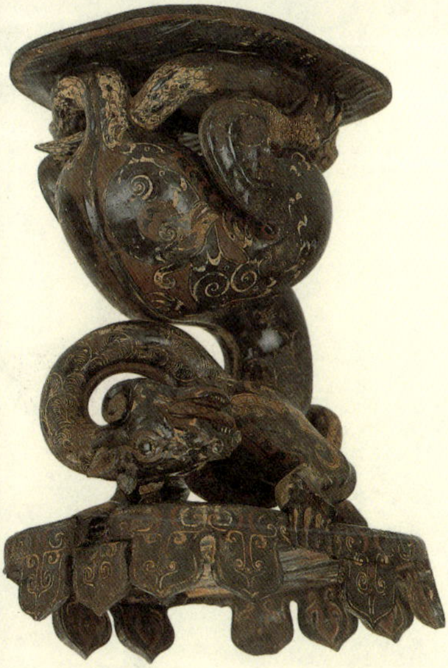

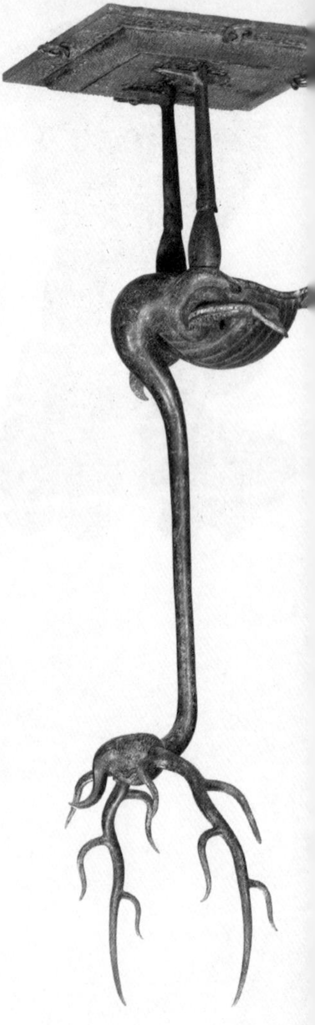

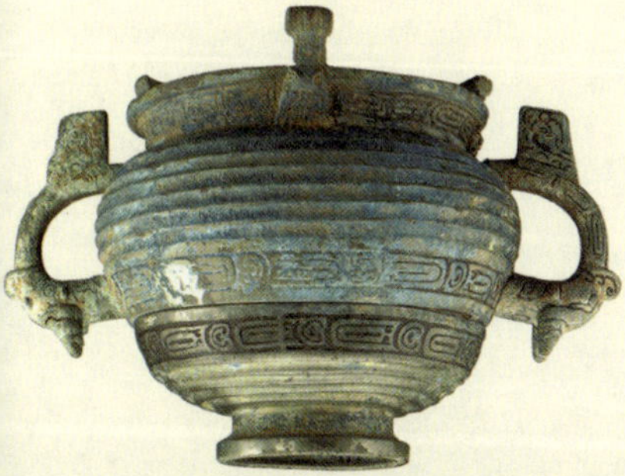

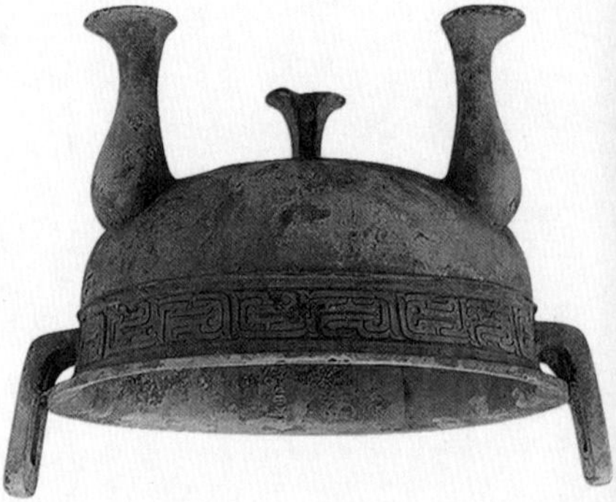

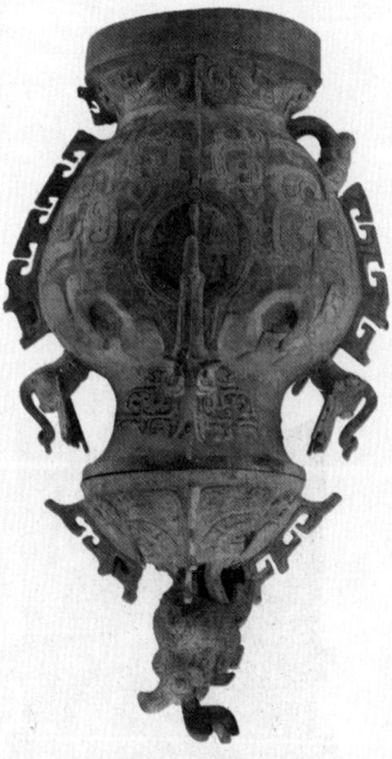

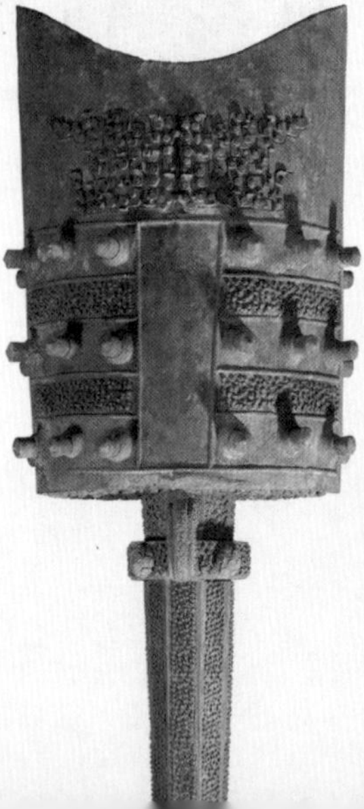

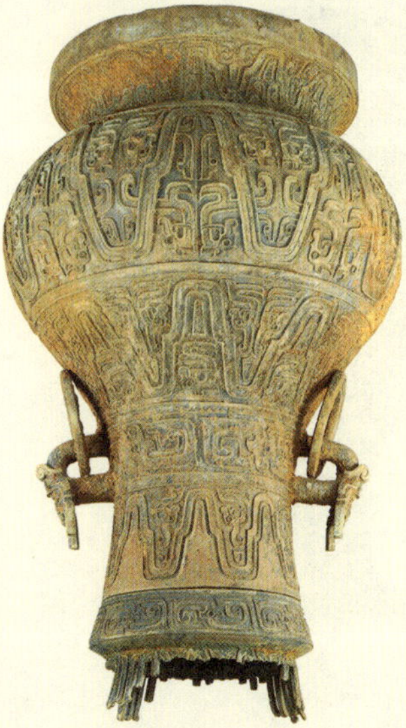

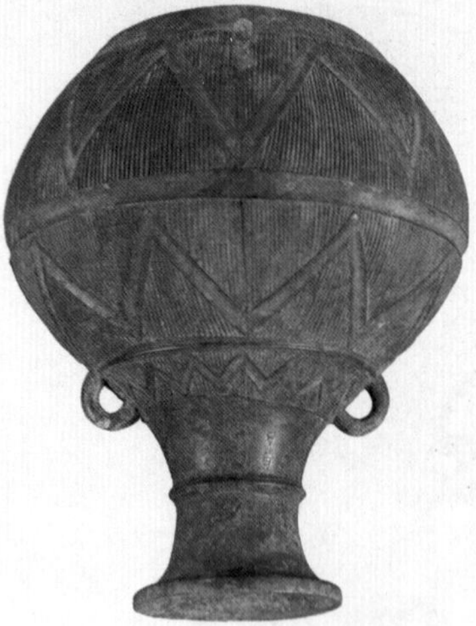

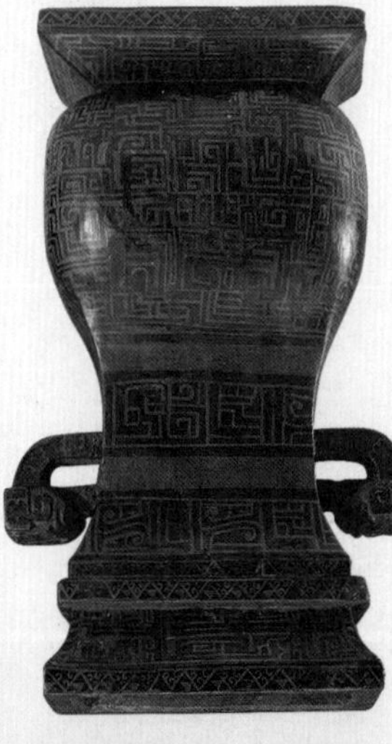

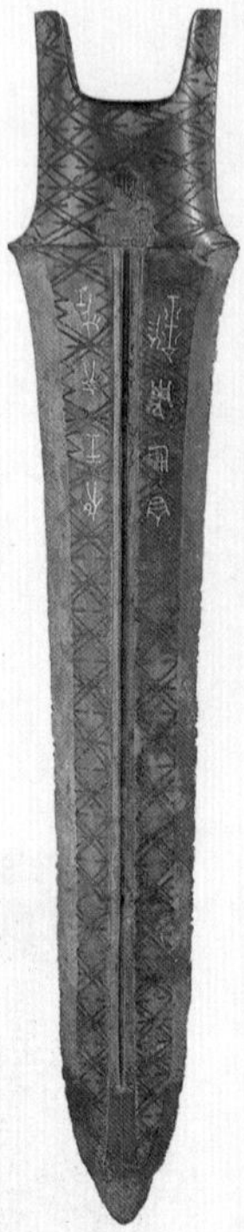

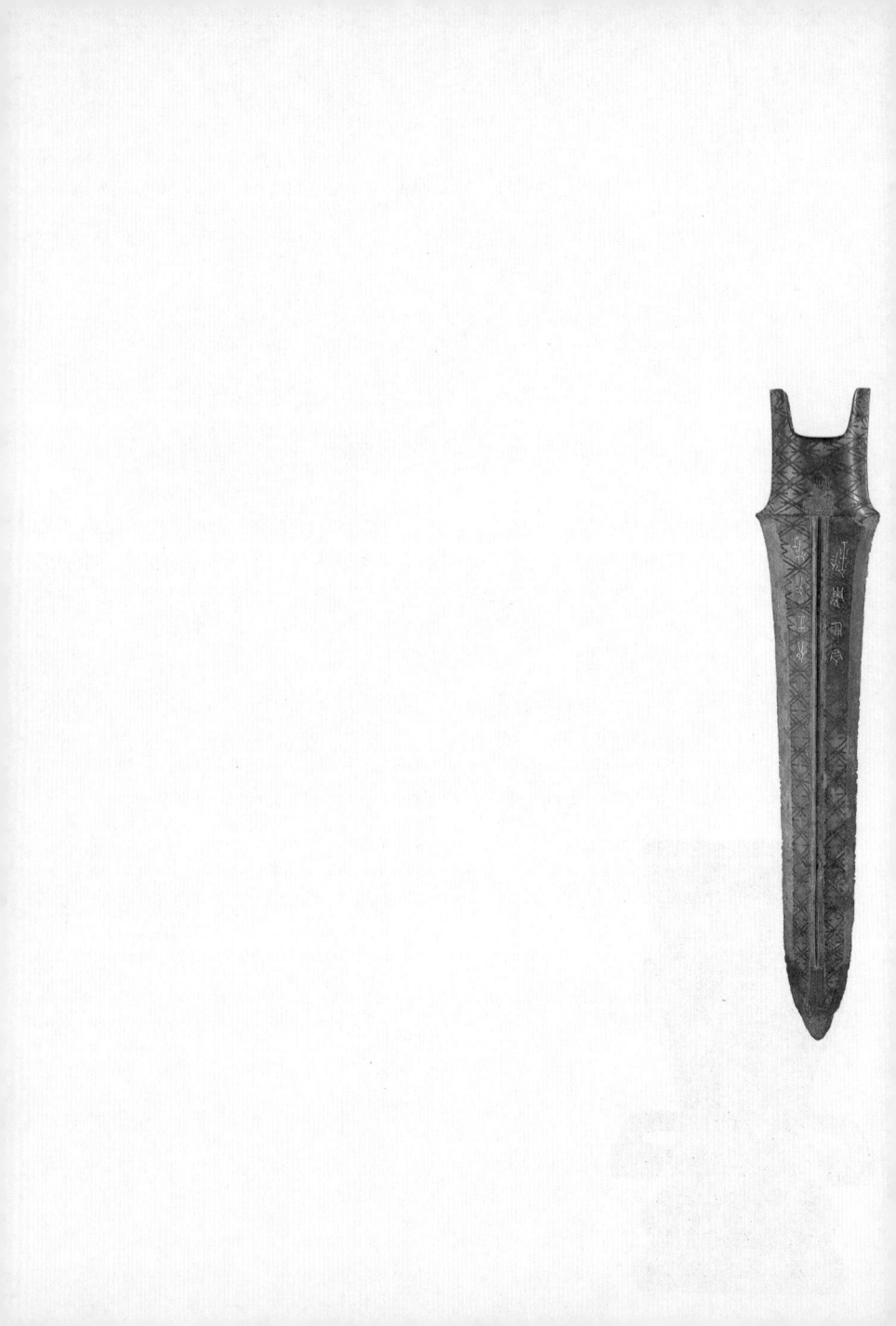

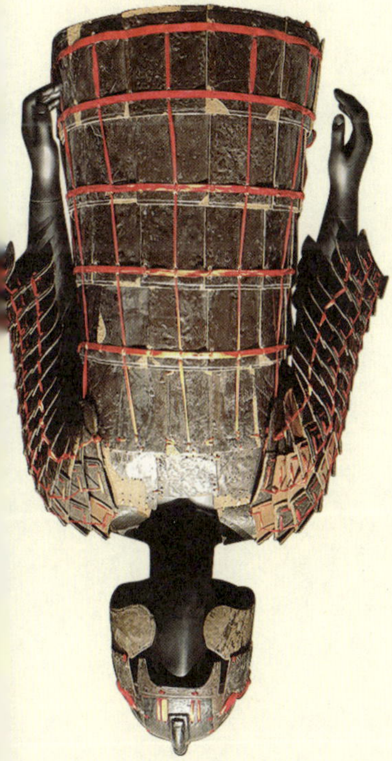

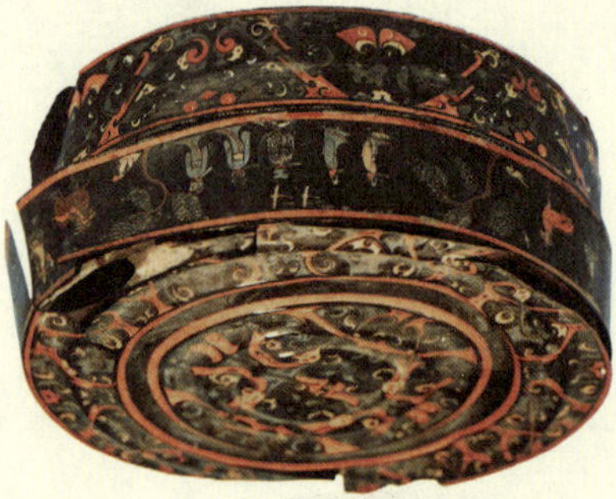

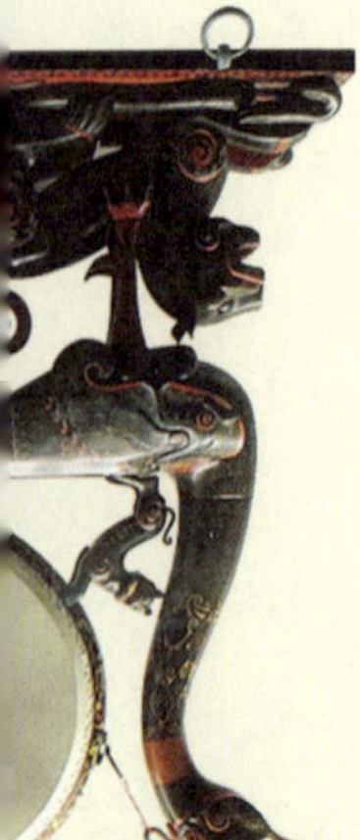

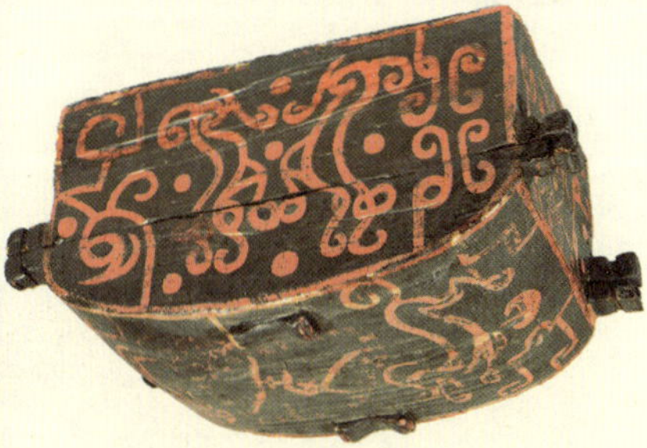

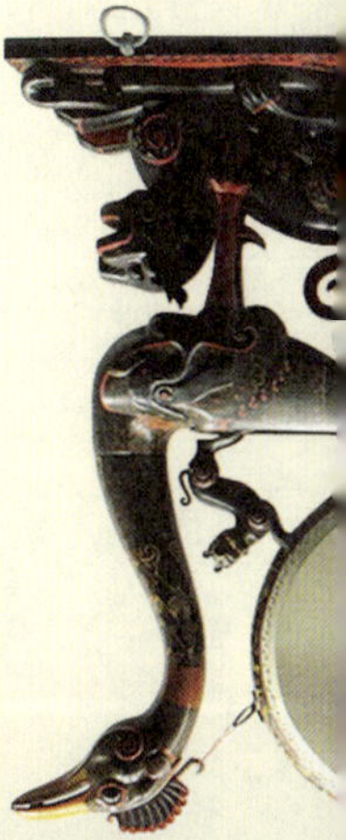

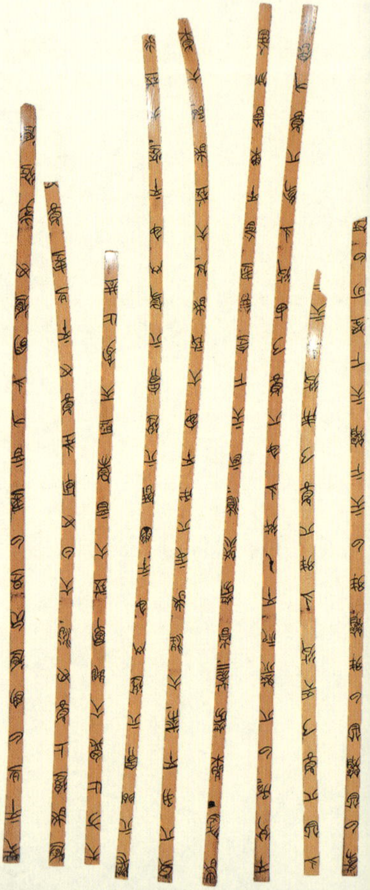

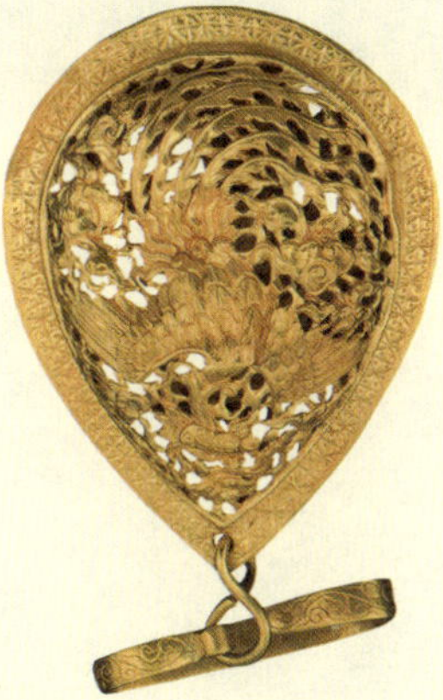

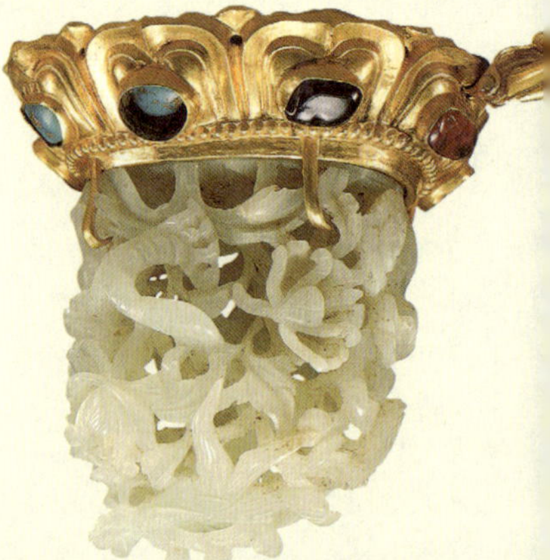

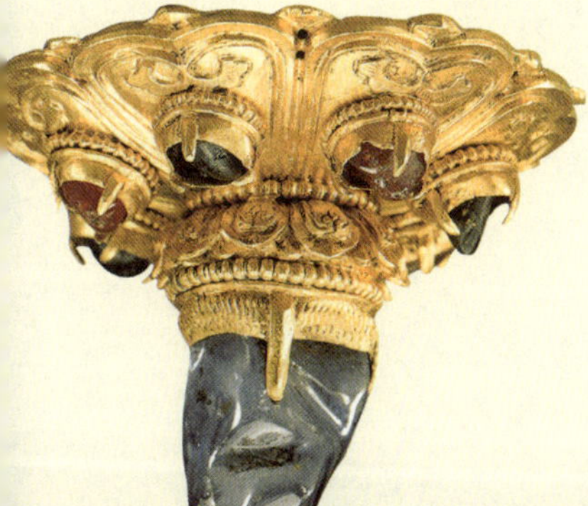

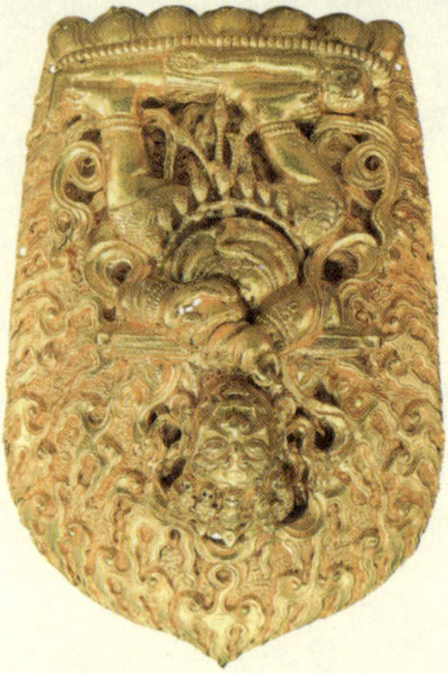

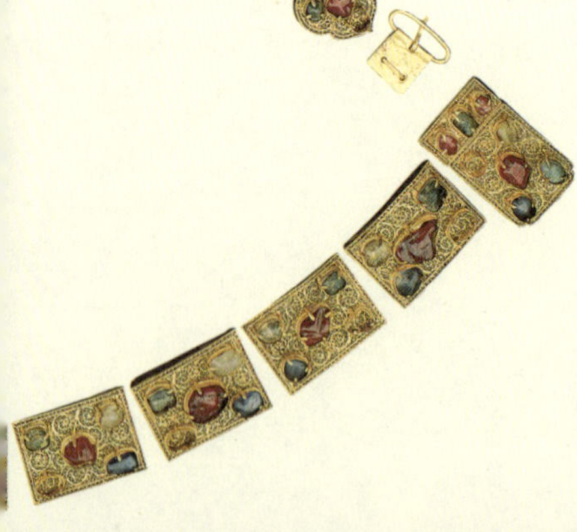

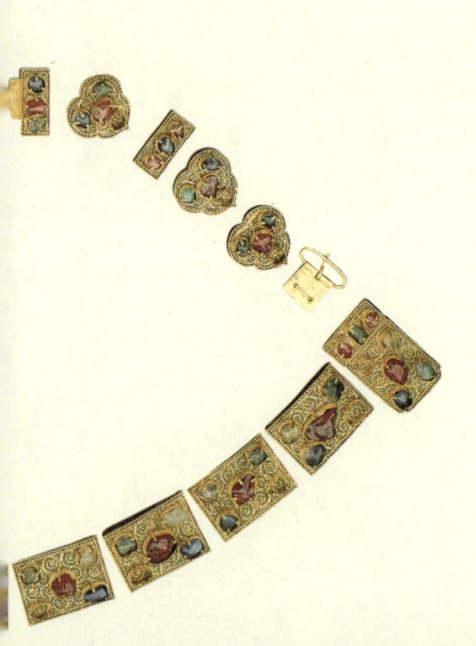

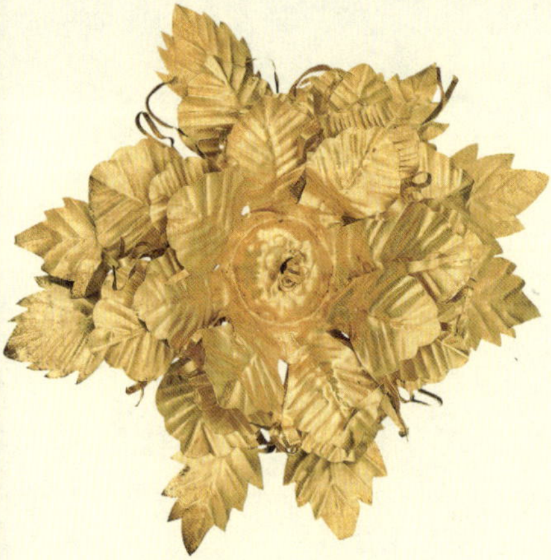

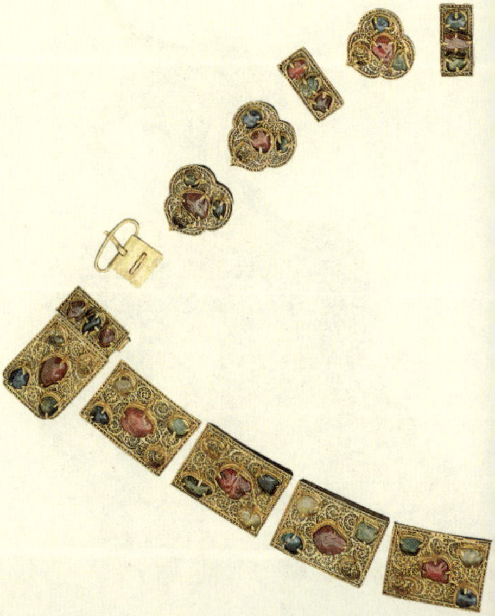

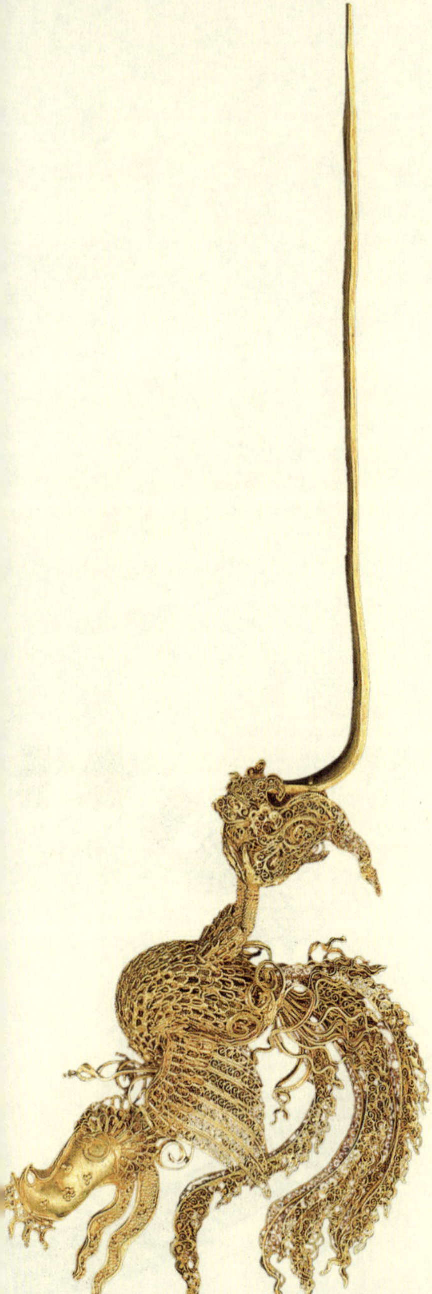

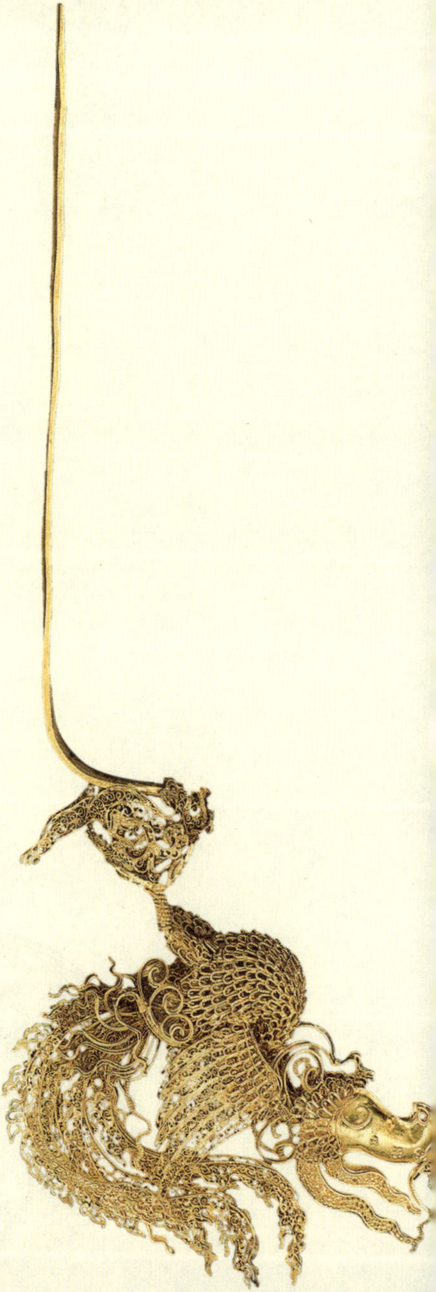

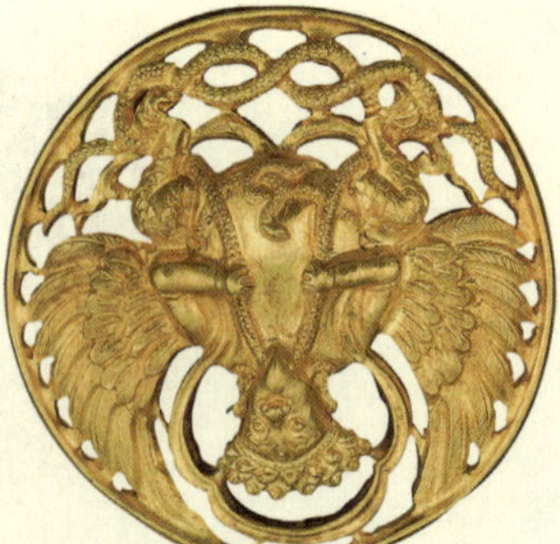

革带

明代腰带有革带、束带和绦带。革带是衮冕服的组成部分，由皮质带鞓（tīng）及订缀其上的带銙（kuǎ）组成，带銙材质有玉、金等。臣僚玉带一般由20件带銙组成，但实际上革带的带銙数量不等，梁庄王墓有15、18、19、20甚至24件。

革带是象征身份的饰物，使用有极严格的规定。亲王和亲王妃着礼服时佩玉革带。

紫罗袍共金玉带

金累丝镶宝石带

金、红宝石、蓝宝石、祖母绿、东陵石、长石共重641.9g

该带銙銙面主体以极细的金丝掐成卷云纹，銙面镶嵌宝石。全带共存红宝石、蓝宝石、祖母绿、东陵石、长石84颗。

青白玉镂空云龙纹带

青白玉、铜
总重700.4g

此玉带由18件镂空云龙纹玉带銙组成,形制特殊,工艺复杂,各带銙的正面微凸,背面平,窄边,玉石部分饰有单层和双层镂空云龙纹,有的地方饰有浮雕云纹,云纹均为缠枝灵芝形。

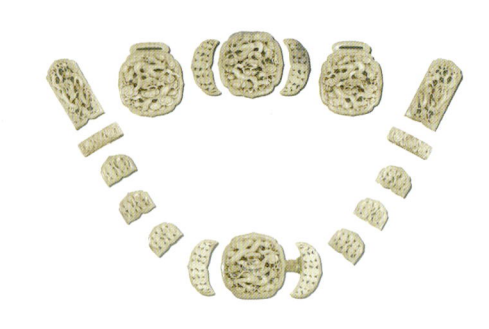

花袍束带竞风流

白玉海青天鹅束带

白玉、金
总重365.2g

这条玉带由浅浮雕海青捕天鹅造型和金针玉带扣等配件组成。梁庄王墓出土的白玉海青天鹅原本或为金皇室用品,曾经历过改制和转赐。按明制,皇帝至文武官员的常服使用束带,只有一品以上官员的束带才能用玉带銙。

小知识:吐鹘(hú)带

海青天鹅束带,金代人称之为"吐鹘",其材质有玉、金、犀象骨角。皇帝衮服所搭配的腰带上也有七件玉鹅饰件。

吐鹘带的装饰题材有春水、秋山等。金代有春、秋两季的捕猎活动,皇帝春天到河边纵海东青以捕鹅雁,秋季到山林中狩猎鹿虎熊兔。金代人将此题材定名为"春水""秋山"。

金镶青白玉镂空龙穿牡丹纹带

青白玉、金
共重1011.4g

此带銙由"三台""六桃""两辅弼""双铊（chá）尾""七排方"和两件金带扣组成。带銙（kuǎ）的花纹构图为一条龙穿行于缠枝牡丹之间。"双铊尾"的金底錾（zàn）凿成镂空云龙纹，一件"两辅弼"的鋬（pàn）面上刻有"金拾两伍钱外银底板叁两肆钱"13字铭文。

金镶青白玉隐起云龙纹绦环

青白玉、金
长11.3cm
中宽6.7cm
中厚2.3cm
重284.9g

龙穿牡丹腰间舞

腰间羽箭久凋零

绦环由中心方和左右小方3个金镶带銙组成，是绦带上的带头。绦环中心方饰降龙，龙周围饰卷头云纹；左右小方饰升龙。玉龙饰为青白玉质，表面有水锈沁，其中心方为厚水锈。

丝（布）质的绦带常在闲居时使用。绦带的带头有"绦环""三台"等名称，由中心方和左右小方3件带銙组成。梁庄王墓共出土6件绦环，每件带銙都用金带框，镶嵌玉饰、玻璃或宝石。

青白玉螭（chī）首绦钩

青白玉

长15.1cm　连纽高2.8cm　腹厚1.5cm　重148.8g

此钩的造型取材苍龙"教子升天"。上勾颈雕成龙首形，龙首下望，龙身自然随形而成绦身，其上雕出小螭，跃跃将升。带銙属礼服之制，在闲居之时，更为常用的是绦。绦钩及绦环的作用都是连接绦带。绦钩的系结方式在《宪宗调禽图》中描绘得十分清晰。

不禁尘土污衣裙

云形头金钩（2件）

金
长6.7cm　重18.7g
长6.3cm　重18.1g

这两件金钩头呈如意云形，上有3组呈"品"字形分布的小穿孔，每组2孔。据万历《明会典·亲王冠服》，这应是亲王衮（gǔn）冕或皮弁服上的1对"蔽（bì）膝"金钩。钩上"品"字形的孔眼便于钉牢。

小知识：蔽膝

蔽膝，顾名思义，就是遮盖大腿至膝部的服饰，是加于裳外的围裙状饰物，属于古代下体之衣。上自皇帝，下至郡王的衮服、皮弁（biàn）服，以及文武官员的朝服均使用蔽膝，蔽膝上有钩相连。蔽膝与佩玉在先秦时都是区别尊卑等级的标志。

环佩玎珰羽衣轻

玉钩描金龙纹佩

青白玉
复原长80cm
重359.1g

玉佩是亲王衮（gǔn）服和皮弁（biàn）服中的饰物，又称为"玉玎珰""玉禁步"，垂挂于革带两侧。梁庄王墓出土了6挂玉佩。此佩的珩（héng）、瑀（yǔ）、花、冲牙的正面各阴刻描金五爪单龙纹，龙曲体腾跃。冲牙反面阴刻三朵并列的描金双层如意云纹；两琚（jū）、两璜（huáng）的正面各阴刻一朵双层如意描金云纹。

青白玉素面圭

青白玉
长25.7cm　宽6.6cm　厚1.1cm　重530g

玉圭是用于祭祀、朝觐、婚聘、对外交往等场合的礼器。明代皇帝、皇后、皇太子、亲王、郡王所用玉圭的尺寸、纹饰皆遵循礼制规定，永乐三年（1405年）规定亲王用"玉圭长九寸二分五厘"。

此圭属梁庄王随身握持的随葬品，另两件青玉质素面圭置匣备用。

衮冕庄严执璋圭

梁庄王珍藏

王府器用

梁庄王墓出土的金银用具和精美瓷器，再现了王府内精致奢华的生活，彰显出亲王的尊贵身份。明代金银器皿多为皇族贵戚的日常器用，墓中所出的青花瓷为明前期之官窑精品。

清歌一曲倒金壶

金素杏叶壶

金
高26.4cm　口径6.4cm　重868.4g

此壶为斟酒之器，金灿如新，光芒四射。底部有银作局标注的于某年用材多少及工艺说明的30字铭文。这种执壶造型仿自伊斯兰金属器，同期的瓷器造型很多也受此影响。

醉里不辞金爵满

金爵

金
高10cm 流尾长10.2cm 重162.7g

　　这套金爵共三件，由银鎏金托盘、金爵、银爵组成。金爵原置于鎏金银爵盏上，出土时已脱落。金爵口外饰一周云纹，鋬（pàn）头饰龙首纹。正对尾下的一足内侧刻有金的成色及重量铭文。

　　爵是先秦礼器中的酒器，祭礼中用于敬神，宴饮中用于敬客，这两种用途一直沿用至明清时期。同时，爵也是盛放、斟倒和加热酒的容器。

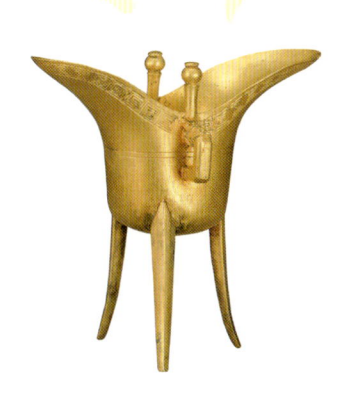

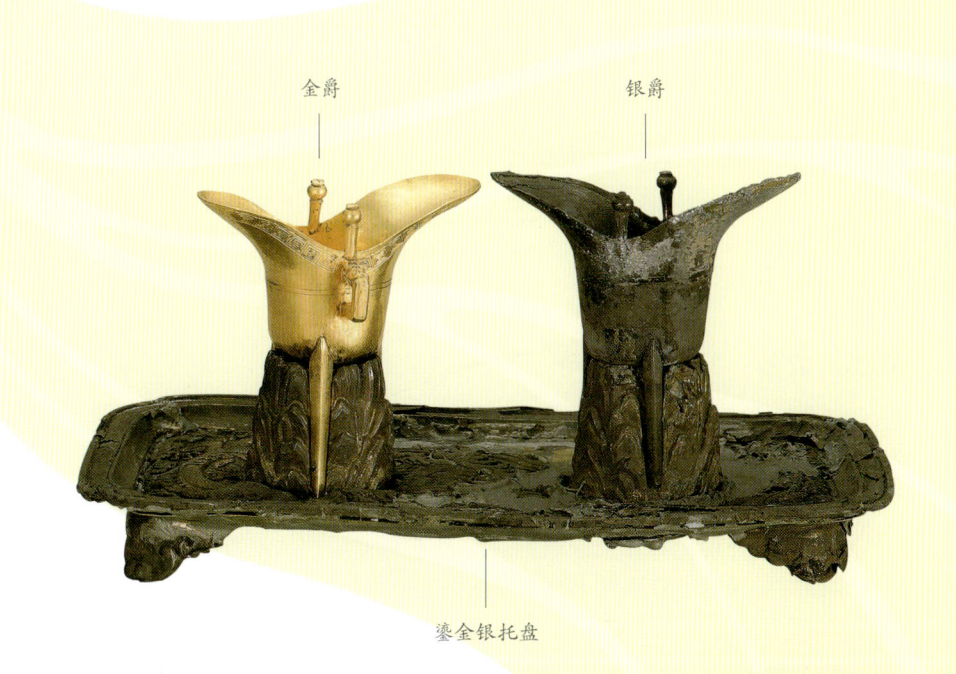

金爵　　　　　银爵

鎏金银托盘

梁庄王珍藏

锦衣玉食是王侯

金盆

高7.5cm
口径41cm
重1700.2g

金盂（yú）

高5.2cm
口径15.6cm　重364g

　　这件金盂的器形和大小与清代定陵出土的"金漱盂"基本相同，功用也应与之类同，即作为水盂、痰盂、漱口盂儿。

金匙／金箸

匙，长26cm　重94.2g
箸，长24cm　重117.2g

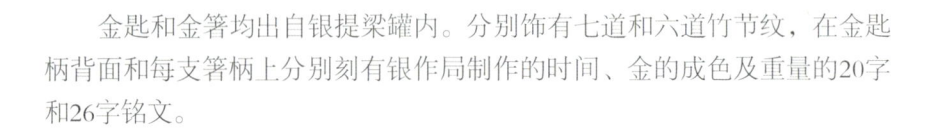

　　金匙和金箸均出自银提梁罐内。分别饰有七道和六道竹节纹，在金匙柄背面和每支箸柄上分别刻有银作局制作的时间、金的成色及重量的20字和26字铭文。

一缕茶香透碧纱

金茶匙

长15.5cm　宽2.8cm　重11.8g

这件茶匙细长的匙柄上饰有22道弦纹，匙叶轻薄，形若一枚杏叶，叶心图案为团花，花心作一朵镂空小簇花。

鸾舆凤驾金与银

金锭

左，长13cm　宽9.8cm　厚1cm　重1937g

右，长14cm　宽10cm　厚0.8cm　重1874.3g

梁庄王墓出土的两件金锭可能是皇帝赏赐给梁庄王的定亲礼物。据万历《明会典·亲王婚礼》，亲王的定亲礼物有"金五十两"。梁庄王拥有的两枚"伍拾两重"金锭，可能与他先后两次婚姻有关。

金锭正面錾（zàn）刻"随驾"银作局制作说明的铭文，表明该金锭金料来自内库、成色、重量等。随驾银作局刻款的器物多集中于永乐、宣德时期，随驾银作局的出现与消亡可能与明初复杂的定都过程有关。

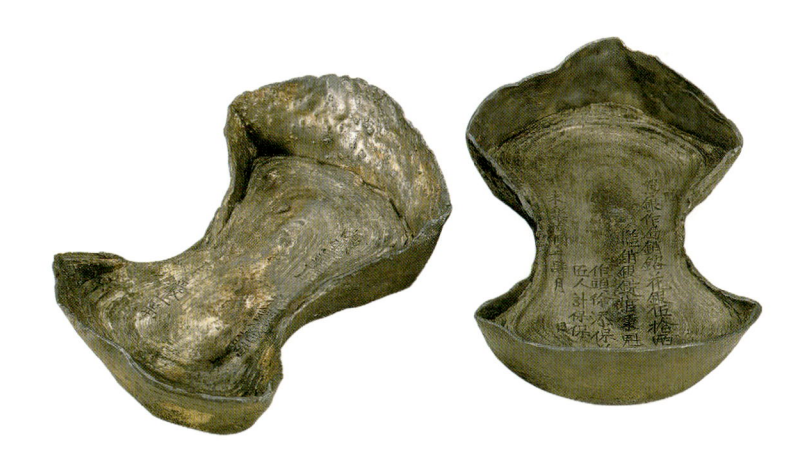

银锭

左，长14.8cm　端宽10.8～11cm　重1865.9g

右，长15.4cm　端宽10.7～11cm　端高5～5.2cm　重1869.3g

梁庄王墓共出土银锭8枚，其中大、小银锭各4枚。大银锭属于王的随葬品，小银锭属于王妃的随葬品。四枚大银锭的功用与两枚金锭相同，是朝廷赏赐给梁庄王的定亲礼物。据万历《明会典·亲王婚礼》，亲王定亲礼物有花银四百两。此墓内仅随葬四枚"伍拾两"花银，共计二百两，不足"四百两"之数。

银锭面铸有"内承运库，花银伍拾两，严一等"铭文。明朝初年户部内承运库负责贮藏缎匹、金银、宝玉、齿角、羽毛等，明朝中期渐为皇帝私库。碎银重新铸锭即为"花银"。

梁庄王珍藏

彩袖殷勤捧玉钟

青花龙纹瓷锺（zhōng）

瓷

高10.4cm　口径15.6cm　圈足高4.6cm　圈足径4.1cm

　　梁庄王墓青花龙纹高足碗出土时，高足碗旁伴有金盖和银托，由此可知碗、盖、托原是一套组合。由其金盖上的铭文可知，该器应名"锺"。

　　高足碗、杯的风行始于元代，它适应了元代伊斯兰地区人民席地而坐的传统。有学者认为，明代瓷锺的用途有茶、酒之别。梁庄王墓出土的瓷锺银托沿袭了宋元以来的茶托形制，因此这套瓷锺应为"靶茶锺"。

　　这件瓷锺除圈足口外，其余通体饰青白釉，白地青花。锺外壁饰二龙赶珠图案，间饰如意云纹，圈足根饰一周如意云纹；锺内壁口下饰一周串枝花草纹，底饰变形灵芝纹，中间壁面刻有龙纹暗花。当属官窑产品。

　　锺，同"钟""盅"，饮酒或喝茶用的没有把儿的杯子。

小知识：永宣青花瓷

　　梁庄王墓出土的瓷器以永乐、宣德时期的青花瓷为主，个别可能晚至正统时期。

　　青花瓷是明前期官窑最重要的品种之一，以永宣时期的瓷器为代表，瓷质白而细，色浓而艳，与郑和七下西洋带回的含有高铁低锰的"苏麻离青"料有密切关系。青花瓷器从永乐起，风格日渐典雅。宣德官窑青花的色泽、纹样又精细过永乐，故成为青花中的极品。

金锤盖

金

高5.2cm　口径16.3cm　重183g

　　金锤盖面饰龙赶珠纹和云纹，顶端有一宝珠钮。盖口沿内壁有制造时间及重量的铭文。此盖含金量91.74%。

密教信仰

明初宫廷延续了元代崇信藏传佛教的传统，藏传佛教以密教为主要内容和鲜明特色。梁庄王墓中出土的大量藏密文物，说明当时贵族中盛行密教信仰。

密教起源于大乘佛教，认为一切众生都具备成佛的内在条件，修行者须增长善的因素，减少恶的因素以修得佛果。密教通过布施、菩提心、曼荼（tú）罗、真言、灌顶、手印、瑜伽等方便修道成佛，称为"方便乘"。中国密教包括汉传密教、藏传密教、大理密教三大传承系统。

金"大黑天"舞姿神像

金
高9.4cm
底宽5.4cm
重114.1g

无常常怀菩提心

大黑天，原是印度教湿婆神的忿怒形化身，佛教吸收其为护法神。元代中原汉地流行的是萨迦派二臂大忿怒相的大黑天，明代萨迦派样式大黑天神像在宫廷仍有延续。

此神像一面二臂，三目圆睁，龇出两颗獠牙，双耳悬蛇，头戴的冠帽上有五个骷髅，肩饰帔（pèi）帛，颈系骷髅璎珞，以蛇为钏（chuàn）镯，腰上缠着两条蛇，围着短裙，双臂上横置一杖，裸脊赤脚，脚下踏着地神女天，右手执金刚钺（yuè），左手托嘎巴拉碗。身后燃烧烟火，下设莲座。

鎏金铜龛（kān）阿弥陀佛像

铜
铜龛，长2.8cm　宽2cm
高3.8cm　重38.3g

龛内鎏金铜阿弥陀佛结跏趺（jiā fū）坐于莲台座上。佛像为密教菩萨装，头戴五佛冠，双目低垂，耳垂宝饰，颈系璎珞，手饰臂钏、手钏，身饰帔帛；双手结禅定印，掌中托宝瓶。该佛龛为藏密的"嘎乌"，即装有佛像、经咒、圣物或舍利等的护身盒。

阿弥陀佛是西方极乐世界的教主，以观世音和大势至两大菩萨为胁侍，并称"西方三圣"，是救苦救难、超度众生亡灵升入西天乐土的尊神。此龛出土时，有两支金簪分别竖粘于龛的两侧。

金大鹏金翅鸟像

金
直径4.6cm　重13.8g

大鹏金翅鸟由日轮环绕，金翅双展，鹰嘴猴面，三目圆睁，双耳坠饰，头戴宝冠，肩披飘带，嘴手执蛇，双足握龙，能为世人灭除毒龙毒蛇，盘旋于佛顶以示护卫。

大鹏金翅鸟，原是印度教主神毗（pí）湿奴的坐骑，也是密教五方佛即北方莲花世界不空成就佛之坐骑，寓意法王摄引一切，无不归者。

心心念念真言在

金时轮金刚曼荼(tú)罗咒牌

金
直径5.3cm 重9.3g

　　金刚曼荼罗是藏传佛教"时轮金刚乘"的标志,是密乘本尊及其坛城合一的图文,又称"十相自在"。
　　时轮金刚曼荼罗象征时轮金刚乘的全部宇宙观,表达了无二密乘时轮宗的最高教义。

水晶佛珠

水晶、玉、玛瑙、琥珀
复原长39cm
周长65cm　重103.6g

　　此串水晶佛珠由佛头、数珠、记捻4串、坠头1件组成。密教的休息法及观音法用水晶珠。108颗佛珠于藏密称最胜品,在藏传佛教流布地区使用最普遍。

金曼荼（tú）罗镶木佛珠

金
复原长19.5cm
周长36cm
重54.6g

　　佛珠又称念珠、数珠，是念佛或持咒时用以计数和束心的工具。若欲断灭烦恼，当随身携带佛珠，专心诵佛。密教因修法之不同，念珠质地也不同。

　　梁庄王墓的佛珠出土于漆法器匣内，质地有金嵌木、水晶、骨等，各串还附有数量不等的记捻附件。

　　这串佛珠原由29件金质曼荼罗镶嵌木质佛珠组成。每件金曼荼罗的两个顶面均铸铭一周7字或10字的梵体阳文，铭文均为梵文咒语，咒名为六字真言"唵嘛呢叭咪吽"。

　　六字真言是观世音为使众生脱离六道轮回所发的心咒，藏传佛教信徒认为，经常诵持六字真言。

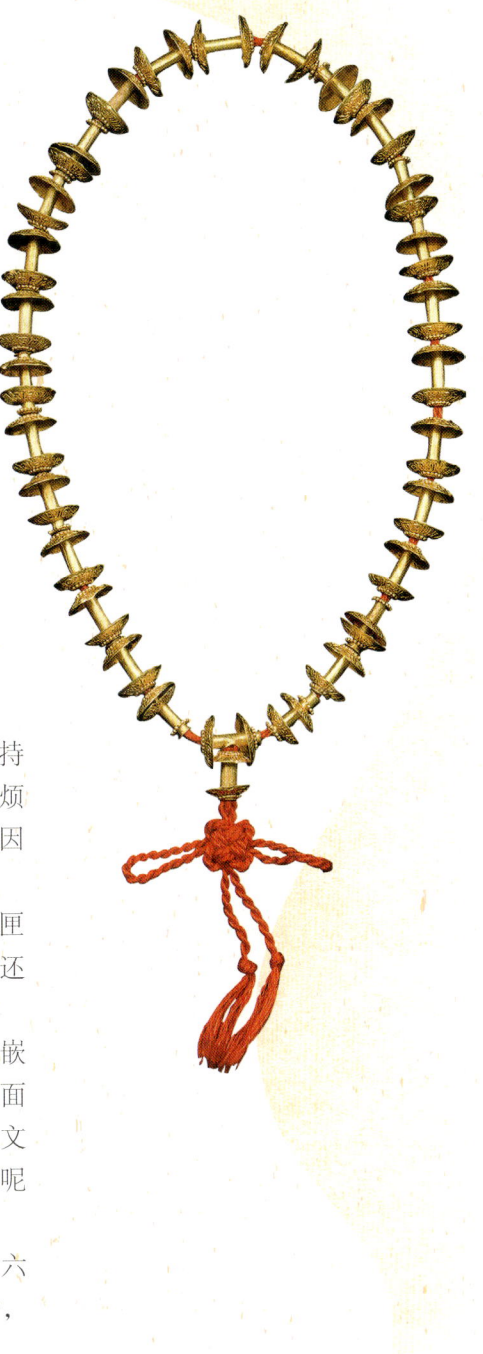

第二单元
珠围翠绕

明代，平民女子可以通过婚姻进入皇室。魏妃的遗物再现了这位出身平凡的武官之女成为王妃后的奢华生活。凤冠霞帔（pèi），谷圭玉佩，插戴分心，斜簪掩鬓，王妃盛装受册。

自洪武末年，藩王始与平民联姻。梁王继妃魏氏是襄阳县（今襄阳市）民魏亨之女，宣德八年（1433年），魏氏被册封为梁庄王妃，于是命其父为南城兵马指挥。忠诚的王妃在梁王逝世时"欲随王逝"，但皇帝降旨命其继续照顾梁庄王两位幼女，且"仍主王宫之事"。景泰二年（1451年），时年38岁的魏妃去世。

布衣之女册作妃

银鎏金封册

银、金
每板长23cm 宽9.1cm
厚0.4cm 重1839.8g

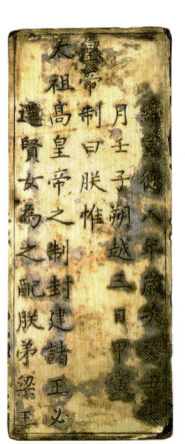

封册由两块等大的长方形鎏金银板扣合而成，板内铸有册文88字，大意是：维宣德八年某日某时，皇帝制曰——选贤女魏亨之女配与梁王，特授以金册，立为梁王妃，令其谨遵妇道，内助家邦。

王妃礼服

作为王室成员,亲王妃是皇室礼仪活动的重要参与者。行受册、助祭、朝会之礼时,王妃须着礼服盛装出席。

金凤纹帔坠

金

长14.2cm　宽7.8cm　厚4.2cm　重72.4g

　　凤纹帔(pèi)坠是霞帔的坠饰。霞帔是贵族女性礼服中的饰带,以丝罗制成,由颈肩垂下,底端有压脚的帔坠。皇室使用的帔坠,大多由银作局统一制作。永乐三年(1405年)规定,亲王妃用深青色霞帔、凤纹金坠子。

　　帔坠、凤簪为礼仪用装饰品,银监局通常成批制作此类物件,以备宫廷的各种礼典和册封赏赐之需。此器钩内壁有铭文,详细记录了当时的制作机构、时间与用料情况。

虹裳霞帔步摇冠

娉婷袅袅环玉带

青玉葵花带

金、玉

尺寸约60cm×10cm　总重88.8g

从此带的出土位置可知属于王妃的随葬品。经鉴定,其制作年代为金代或元代。明代《天水冰山录》中有"女带""窄女带""极窄女带",或许就是这类的物品。

玉禁步（2件）

玉
左，复原长59cm　总重328.3g
右，复原长60cm　总重318.5g

　　本副两挂玉禁步为婚配喜庆之物，可能是皇帝为梁庄王纳继妃而特赐的礼物。根据饰件名称的谐音和特点，作吉祥寓意如下：

　　叶——金枝玉叶　　瓜——瓜熟蒂落
　　鸳鸯——鸳鸯戏水　石榴——多子多福
　　桃——平安长寿　　鳜鱼——鱼水之欢（或富贵有余）

鸳鸯戏水好求福

金玉玲珑

打开亲王妃的首饰匣，装点着金、玉、宝石的玲珑首饰跃然眼前。鸾鸟牡丹簪，为王妃华服平添了几分灵动与意趣，金镶宝石镯，衬托出王妃雍容仪态下的风度与气韵，皇家的富贵生活于一匣中见一斑。

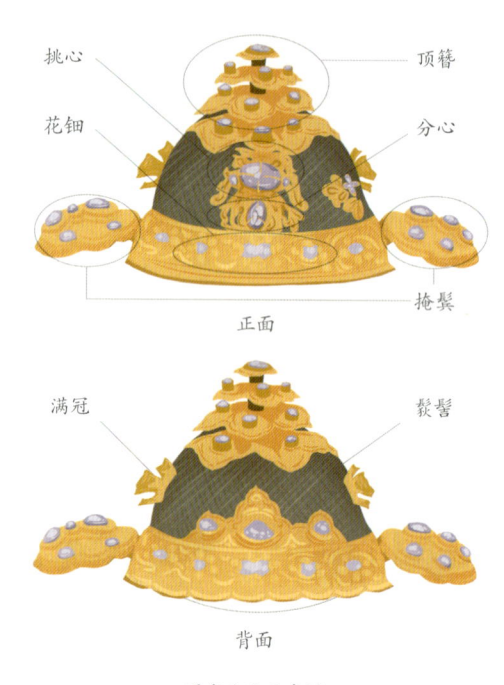

正面

背面

明代头面示意图

小知识：明代头面

女子全套发饰称为"头面"，是以簪、钗、坠等首饰插戴头部的整套头饰，自宋代开始成为贵族妇女发髻的主要装饰，到了明代式样又进一步翻新。一副头面，包含插戴在鬏（dí）髻周围、装饰题材一致的各式簪钗。

鬏髻（也称金冠、金丝髻）是女子戴在发髻上面的发罩。明代已婚女子要戴鬏髻。

各式簪钗中，挑心主要装饰于发髻中央；顶簪直插入发髻顶部，起到支持和固定发髻的作用；分心多插于发髻背面中部，与挑心相对；掩鬓为鬓角上的发簪，一般为两件，分别插于发髻下部两侧；钗簪插于掩鬓上部。

云鬓斜簪比并看

金凤簪

金

长24cm

凤簪是明代礼仪用物，其形制大都为扬尾振翅、足踏祥云的凤凰造型。《明会典》中关于亲王妃冠服，有"金凤一对，口衔珠结"之记载。此件簪头为镂空单立凤，凤立于镂空祥云之上。

青丝云髻分两边

金累丝镶玉嵌宝双鸾鸟牡丹分心

金、玉、红宝石、蓝宝石、绿松石、锆石
长10.6cm 头宽12.6cm 高4cm 重42.8g

此件尚存镶宝石17颗，佩戴时平插，戴于发髻背面正中。它以金累丝卷草纹为底衬，正面做出嵌玉的边框和抱爪。边框周围是金累丝花叶和18个石碗，内嵌红宝石、蓝宝石、绿松石和锆石。边框里嵌有一白玉碾作之牡丹鸾鸟图，一双鸾鸟环于正中的牡丹左右。

香陨花落不知忧

桃形金累丝镶宝石簪

金、红宝石、蓝宝石

长14.7cm　头宽3.8cm　高4.2cm　重30.1g

长13.9cm　头宽3.7cm　高3.9cm　重29.4g

　　簪头呈桃形，底层为掐丝镂空板，其上的花丝托内存镶红宝石、蓝宝石、尖晶石。

梅花形金镶宝石簪

金、红宝石

长12.7cm　重24g

长12.7cm　重23.6g

　　簪顶錾（zàn）刻成五瓣梅花形，花面凸起花芯。各镶嵌红宝石1颗。

梁庄王珍藏

青
丝
云
鬓
分
两
边

金钑（sà）花钏（chuàn）

金
左，长12.5cm　圈径6.5～6.7cm　重295.2g
右，长13.8cm　圈径6.5～7.5cm　重292.4g

  金钑花钏是宋元以来流行的缠钏，是一种由数道圆环相叠而成的女性腕饰，明代在式样上没有显著变化。万历《明会典·亲王婚礼》中有"金钑花钏一双"的记载，是皇家婚礼中的纳征礼物。

  这两件花钏由金条缠绕成的12个相连的圆圈组成，外壁饰串枝灵芝纹。镯头用粗丝缠作活环与下层的连环套接，通过左右滑动调节松紧。南宋时，金钏、金镯、金帔（pèi）坠一并成为富贵之家聘礼中的"三金"。

金镶宝石镯

金、红宝石、蓝宝石、东陵石、祖母绿
左,高2.6cm　镯口长径6.2cm　短径5.7cm
重127g
右,高2.6cm　镯口长径6.2cm　短径5.7cm
重132.1g

　　此副为活销式开闭手镯。镯外壁面装饰有金累丝缠枝卷草地纹,上面八个金累丝菊花托内分别镶嵌各种宝石。镯与钏配套使用。
　　此套饰物原置于王妃棺内一件漆木匣中,出土时棺、匣均已垮朽,钏、镯紧邻安放。

金镶红宝石戒指

金、红宝石
直径1.9cm　重6.8g

　　自元代以来,佩戴镶嵌宝石的戒指成为时尚。这枚戒指首端外壁錾(zàn)刻云纹。

金镶宝石葫芦戒指

金、蓝宝石、桃红色尖晶石
直径2cm　重6.7g

　　此戒面呈葫芦形,其上金焊大小两素托,大托嵌一颗蓝宝石,小托嵌一颗桃红色尖晶石。托底侧缘及环首端外壁錾刻出短线、小蛇和云纹。

纤纤素手耀日光

串缀珠宝金耳环

金、绿松石、珍珠
高5.5cm　宽4cm
钩长5.7cm　分别重13.8g、14g

八珠耳环是宋元即已流行的传统样式,明代有所承袭。元代熊梦祥《析津志》"风俗"条言及耳环:"环多是大塔形葫芦环,或是天生葫芦,或四珠,或天生茄儿,或一珠。"故一副耳环为八珠。这种构图类似于三角形的耳环在明代很流行。此副耳环串缀珍珠、宝石各四颗。

耳坠金环映玉颜

锦衣狐裘同心扣

金扣
左,长3.2cm　套环外宽2cm　重4.8g
右,长3.2cm　套环径1.6cm　重6.4g

梁庄王墓出土的两件金扣为套结式子母扣,子扣和母扣的柄部各有两对孔眼,用以穿线和钉衣物。金或金镶宝纽扣多见于明代女子对襟袄子的竖领之上。

锦衣狐裘同心扣

256　湖北省博物馆

闺阁雅趣

会向瑶台月下逢

礼仪制度规范着贵族女性的仪容、行为和思想。然而王府之中也有闺阁之乐，规矩之下亦有生活之趣。王府女主人也多将情感与希望寄托于爱物之上。

青花瑶台赏月图瓷锺

瓷
高10.1cm
口径15.5cm

　　此器由青花瑶台赏月图瓷锺、鎏金银托盏和残鎏金银盖组成，是王妃的日用器皿。

　　锺外壁绘三组故事。第一组画面中，一位侧坐于石墩的老妇正于松下遥赏明月，身后立一执扇丫鬟，老妇对面伴有一女子与一侍童。第二、三组画面中表现的是女子于山石间赏月事花的情景。此器上的图与宋人也多所绘现故宫博物院藏的《瑶台步月图》一脉相承。

塞外胡骑猎秋山

青白玉秋山饰

玉
中高6.6cm 宽4.3cm 重38.6g

《金史》中记载，将有鹘（hú）攫（jué）天鹅图案的服饰称为"春水之饰"，将有虎鹿山林图案的服饰称为"秋山之饰"。

辽代时，统治者有春秋两季外出行营并渔猎的习俗，金代继承该习俗并更名为"春水""秋山"。

此玉饰画面刻画了伏于灵芝前的珍珠盘角牡鹿（雄鹿）与树丛中的牝（pìn）鹿（雌鹿）的对视瞬间。

童子执荷滴清响

绿松石执双荷童子佩

绿松石
高5.2cm 宽3.2cm 重43g

玉雕执莲童子首创于宋代，这种形象与宋代七夕时儿童执莲花荷叶扮作小儿偶像的风俗有关，民间给作品赋予"连生贵子"的含义，寓意吉祥，是人们最喜闻乐见的题材之一。

此佩赤足童子身着褐衣，双手合执两片贴于颈背的荷叶之梗。头顶至脚下有一单向竖穿孔，童子右耳处有一穿孔。

丝路足迹开传奇

金锭

金
锭长13cm 两端宽9.8cm
中宽4.6cm 重1937g

　　从时间看，梁庄王墓主人朱瞻垍（jì）生于郑和第三次下西洋归来之际，并于郑和第六次下西洋归来的第三年封梁王，这些"番国宝货"应是朱瞻垍出生、册封梁王或大婚时永乐帝赏赐之物。

　　当考古工作者打开梁庄王墓，这块金锭上赫然錾（zàn）刻着"永乐十七年四月□日西洋等处买到，八成色金壹锭伍拾两重"铭文，表明此金锭金料为郑和船队第五次下西洋时在"西洋等处"购得。

金镶宝石绦环

金、红宝石、
蓝宝石、祖母绿、
东陵石、木、骨
长13.4cm 中宽7cm
中厚2.6cm 重198.3g

漂洋过海为衣忙

　　这件绦环的中心托内镶嵌木片和髹（xiū）漆骨片，小托内存镶各种宝石；左右小方中心托内原镶一小段残木块。郑和下西洋沿线祖母绿的主要产地是印度，红宝石产地为泰国、斯里兰卡。

贵冠铺翠西洋花

金镶蓝宝石帽顶

金、蓝宝石、红宝石
高3.9cm　底座直径5.1cm　重52.5g

该帽顶下层的七重瓣覆莲花托内镶嵌红、蓝宝石，中层造型为十瓣仰莲花，顶面托内镶嵌一颗蓝宝石，现存镶宝石七颗。郑和下西洋沿线重要的蓝宝石产地为印度、斯里兰卡。

云形金镶宝石饰

金、红宝石／金、蓝宝石
左，高1cm　长4cm　宽3.4cm　重11.7g
右，高1.2cm　长4cm　宽3.2cm　重10.8g

这两件如意云形饰件边缘都有四个小穿孔，便于缝缀在服饰或被褥上。一颗镶嵌红宝石，一颗镶嵌淡黄色蓝宝石。以往发掘的明墓中屡见此类云形金（银）饰，其中有的并不镶宝石，而錾（zàn）刻"日""月"等字。

天边云朵卧衣裳

小知识：郑和下西洋

自永乐三年（1405年）至宣德八年（1433年），郑和率领船队七下西洋，足迹遍及亚、非三四十个国家和地区，远达红海沿岸和非洲东海岸，谱写了海上"丝绸之路"的传奇。

郑和使团既是外交使团也是贸易使团，在沟通与西洋诸国关系、搭建区域国际关系网的同时，在印度洋诸国、波斯湾采买了数以万计的"诸番宝物"，明初的朝贡贸易由此发展至顶峰。

元代，"西洋"指今南海西部和印度洋。明末以前西洋范围大体与前朝所指一致，但有些古籍将爪哇岛和加里曼丹岛南部也涵盖其中。元、明部分文献中记载的"西洋"为国名，指今印度南部地区。《明史》中以婆罗（今加里曼丹岛，或该岛北部的文莱）为准来划分东洋、西洋。

梁庄王的珍宝

梁庄王墓随葬品十分丰富，出土有金、银、玉、宝石、瓷器等5300余件，其中金、银、玉器1400余件，珠饰宝石多达3400余件。随葬如此大量的金银珠宝，在已发现的明代亲王墓中尚属首次，规格仅次于明代皇陵定陵。

在梁庄王墓随葬的金银珠宝中，宝石类达18种之多，有700多粒。主要有红宝石、蓝宝石、祖母绿、金绿宝石、东陵石、珍珠、水晶和绿松石等。绿松石可能来自湖北，珍珠可能亦为国货，但是蓝宝石、红宝石、祖母绿、猫眼石等应是明初郑和下西洋时于外国采买而来。

结语

自西洋至东土，郑和船队带回的异域珍宝经银作局工匠的精心打造，由大明朝廷赐给仁宗第九子梁庄王。明代初期，藩（fān）王在朱元璋为其子子孙孙设计的宗藩（受天子分封的宗室诸侯）制度下享受着优渥（wò）的物质生活。然而至明代中后期，明代宗藩人数急剧膨胀，宗亲俸禄成为大明财政的沉重负担。梁庄王墓出土的珍宝，既是皇家后代优越生活的见证，也是封建王室奢侈生活的证明。

天籁——湖北出土的早期乐器

  天籁,为自然之声,自远古时代,就是人类制造声音工具的灵感来源。这些工具既是发声器也是乐器,用于辅助生产和生活。早期中国(距今5000—2000年)的乐器,采用当时珍贵的材料、高超的技术和精美的工艺制成,随着人类社会的发展逐步成熟。

  湖北拥有独特的自然地理位置和人文环境,最得南北风气之先,出土的早期中国乐器种类繁多,见证了礼乐制度由滥觞(shāng)达到极盛的过程。它们无不凝聚着祖先的智慧和情感,是人类认识自然和自身的载体与结晶。

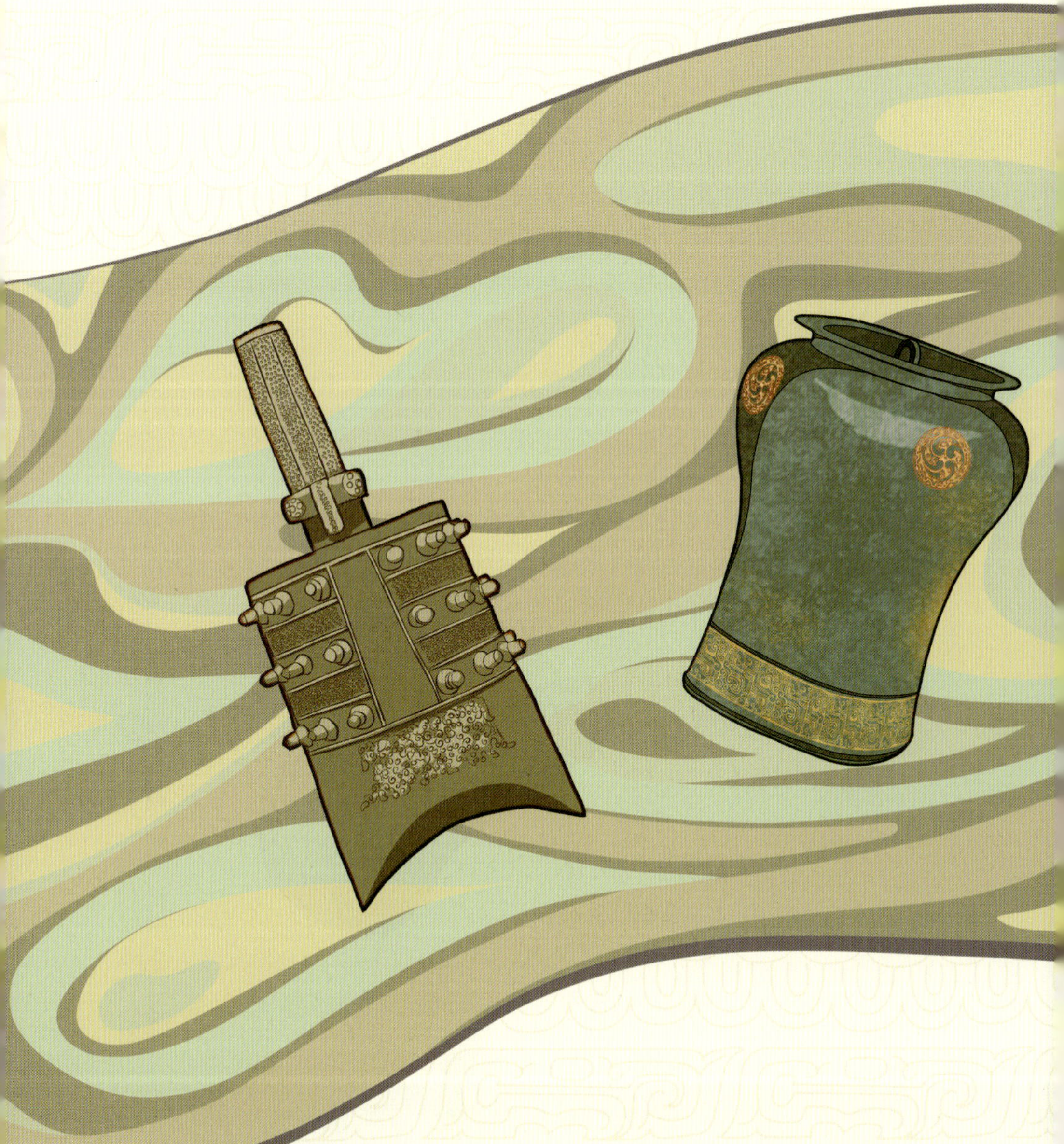

第一单元
戛击鸣球

距今10000年前,地球的自然环境更加适宜人类生存。人们创造性地利用资源,发明了声音工具。在距今8000—4000年前,黄河、长江流域出现了多种原始发声器。从木材利用到石器磨制、骨器加工、陶器烧制和青铜冶铸等技术的运用,推动了原始乐器的创制。湖北出土的新石器时代的乐器主要分布在大溪、屈家岭、石家河等文化遗址。

摇响器

摇响器,摇奏体鸣乐器。一般为陶质,体小便于手握,以球形或半球形者居多,内含陶丸或石粒,通过摇奏发声。摇响器的发明显然是受到枯叶、干果及其籽粒随风摇响的启示,是新石器时代遗址中常见的发声器具。表面常见模拟绳索穿缀的刻画装饰,与同时期的陶网坠、陶纺轮等相仿。多见于黄河流域和长江流域部分地区。

陶响器

新石器时代
长7cm　柄3.8cm
末径1.5cm　球径3.4cm
1956年湖北黄州褚城乡牛角山采集

器身有柄,开一穿孔,可系绳,腹含泥丸。推测为乐舞用具,可佩戴,随舞姿而动,或执柄摇奏,沙沙有声。

沙沙叶粒随风响

陶网坠雷纹陶抵手

商代
高5.9cm　抵面径9.2cm　重382g
1961年湖北汉阳纱帽山遗址出土

　　制陶工具。器表刻画图像描绘了人遭受雷击的瞬间形象，反映人类对自然力量的畏惧，其创作源自先民敬畏自然的观念。

哨与埙

　　哨与埙（xūn），边棱类气鸣乐器。哨多见陶质，也有骨质，多为短小管状，用于发出信号或模仿动物的叫声，与狩猎活动有关。埙多见陶质，也有石质、骨质或木质，形若小型椭圆容器，顶端有吹孔，双手捧持吹奏。均早见于新石器时代文化遗址，商代出现编组使用的埙。

陶埙

新石器时代
高6.1cm　腹径3.6cm
吹孔径0.9～1.0cm　按音孔径0.5cm
1986年湖北麻城栗山岗遗址出土

悠悠气鸣呼与应

铃

铃，摇奏体鸣乐器。早期的铃多为陶质，体小，腔口椭圆，内设铃槌，摇击发声。出现于新石器时代晚期，在陕西、山西、河南和湖北地区均有发现，为后继出现的铜铃、铜钟的雏形。

陶铃

新石器时代

高5.4cm

口径9.8cm×7.0cm

底径5.4cm×4.8cm

胎厚0.6cm　重96g

1956年湖北天门石家河三房湾遗址出土

夜雨闻铃谁人听

器身纵截面为梯形，横截面为椭圆形，口微侈。顶面上有并列两孔，用于穿系铃槌，手持摇奏。器身两面刻画花纹。

磬

磬（qìng），击奏体鸣乐器。一般为石质，磨制成型。片状，多边形，设穿孔悬而击奏。磬出现于新石器时代，其发明可能与石犁、石刀等生产工具相关。战国早期的曾侯乙编磬全套共32件，为目前所知规模最大。

非石磬

商代

长83.5cm

高39cm

重19kg

1953年湖北五峰县渔洋关文化站征集

此磬为巨石片打制而成，石灰石质。

铜钟玉磬彻夜欢

第二单元
奏鼓简简

在生产、生活和仪式中，乐器成为人们沟通天地和表达意志的工具，具有崇高的社会地位。特别是制陶技术的成熟，令青铜器愈发精美，青铜乐器成为仪式活动的中心。湖北出土的商代青铜乐器，多出自鄂南山川，与当年举行的仪式活动有关。

鼓

鼓，击奏膜鸣乐器或击奏体鸣乐器。鼓腔有陶质、木质和铜质等，鼓膜主要为皮革。一般鼓面为圆形，鼓腔呈圆柱形，或鼓腹，或束腰。鼓是最早发明的打击乐器，人们通过敲击空树干受到启发，进而在器口蒙上皮革进行演奏。陶鼓普遍见于新石器时代遗址，木质鼓腔见于陶寺遗址，铜鼓在春秋初期即已出现。

崇阳铜鼓

商代
高75.5cm　长49cm　鼓面径39.5cm　重42.5kg
1977年湖北崇阳白霓大市河河边发现

此器为青铜仿木框足鼓，系一次浑铸而成，属于击奏体鸣乐器，为夏代遗制。鼓腔横置，两端边缘饰三周乳钉纹，为仿蒙皮木鼓鼓钉。腔底设座，座下设四足，通体饰阴刻的云雷纹，前后两面饰饕餮（tāo tiè）纹，双眼圆睁，炯炯有神。

日本京都泉屋博古馆所藏双鸟饕餮纹铜鼓与之相仿，武汉博物馆藏也有一件盘龙城遗址出土的商代早期陶足鼓形器。

疆场击鼓声声震

庸

庸，又名铙、镛（yōng）、执钟、植钟等，击奏体鸣乐器。铜质。合瓦形，中空，无舌，口朝上，植（或执）柄以撞木或钟锤击奏。庸出现于商代后期，北方体小，南方体大，可见成组使用。分别击奏庸体正、侧鼓部，可各得一音，常见两音略呈大二度音程，此时的"一钟双音"为合瓦形铃属乐器的自然现象，即"原生双音"。庸为甬钟的前身。

一钟双音初萌生

人面纹铜庸

西周
高44.5cm　甬长14.5cm
甬直径8.5cm　内高30cm
器壁厚5.5cm　口径31.5cm×16cm
舞部宽20cm　重15.5kg
1955年湖北罗田李家楼遗址出土

此器正鼓部近缘处饰一人面纹。庸面设枚，甬底设旋，甬端设栓，可口朝下悬奏，具有早期甬钟的特征，应为由庸变甬的过渡形式。

小知识：乐音与噪音

音乐包括两种声音：噪音和乐音。乐器也分为噪音和乐音两类。声音来自物体的振动。噪音由不规律的振动产生，噪音乐器如陶响球、铜锣、架子鼓等非定音打击乐器，发声无具体音高。乐音由规律的振动产生，乐音乐器如埙、编钟、小提琴等，发声音高明确。

第三单元
钟鼓锽锽

商周之际,庸与甬钟并存。西周时期铃属乐器得到显著发展,甬钟的布局和数量成为礼乐制度的重要内容。春秋时期由于对按弦取音原理的掌握,乐器音列更加完善,音乐性能普遍提升,还涌现出许多制作精良的新乐器。随着生产力获得解放,民智逐步开化,技术日益精湛,社会长足进步。至战国早期,礼乐艺术极盛,歌舞艺术繁荣。

甬钟

甬钟，击奏体鸣乐器，铜质。商周之际，由庸演化而来，口朝下，设斡旋用于悬挂，以撞木或钟锤击奏。早期甬钟未见调音痕迹，但正、侧鼓部音高呈现较精确的三度音程，这种双音现象即"铸生双音"，此乃铸造工艺优化后的结果。西周中晚期，甬钟内壁普遍已有不同程度的磨砺，表明铸调技术出现。西周早期，多件成组的编甬钟，已显示出"羽—宫—角—徵"的四声观念。战国早期，宏大的曾侯乙编钟，其中甬钟共45件，两面五组摆放，十二音齐备。

长乐钟声花外尽

编钟

西周晚期

最大件，高37cm　口径19cm（变形）　重4.65kg

最小件，高24cm　口径约12cm〔铣（xiǎn）角残〕　重1.55kg

1979年湖北大悟雷家坡遗址出土

小知识：气鸣乐器

气鸣乐器，借助空气振动发声，包括边棱类、簧片类、杯形吹嘴类及自由气鸣乐器类。从新石器时代以来，边棱类如埙和哨、簧片类如笙和竽、杯形吹嘴如号角等，普遍用于生活、仪式、军队和信号方面。自由气鸣乐器以牛吼镖为典型，至今仍被有些部落用作巫术法器。

钮钟

钮钟,击奏体鸣乐器,铜质。合瓦形,口朝下,舞部设钮用于悬挂,以撞木或钟锤击奏。钮钟出现于西周晚期,相对甬钟而言,使用灵活,音色明亮。两周之际的郭家庙编钮钟,钟口挫磨痕迹明显,乃铸调技术所致。其钟声和谐,音高准确,为"铸调双音"的典型特质。郭家庙编钮钟的音列已显示出"徵—羽—宫—商—角"五正声的观念。

编钮钟(10件)

周

高13.5～24.5cm 宽8.8～19.5cm

重0.871～2.056kg

2015年湖北枣阳郭家庙30号墓出土

小知识:体鸣乐器

体鸣乐器,是用发音良好的天然材料制作,不同尺寸和材料的物体可使用不同的方式,发出不同的声音和音高。这类乐器的发展已有数千年历史,广泛用于歌舞伴奏或作为信号器。簧(口弦)、铃、钟、磬等均属体鸣乐器。

镈

镈（bó），击奏体鸣乐器，铜质。镈体横截面为椭圆形，钟口齐平，设钮，可悬挂，以撞木或钟锤击奏。镈早见于商代晚期。镈身常设扉棱，以浮雕、透雕的龙、凤、虎形装饰。多与其他铃属乐器组合使用。西周早期已出现镈与甬钟的组合。

龙凤双飞伴钟声

扉棱镈

西周

连钮高26.2cm　钟口长14.7cm

宽11.5cm　重2.21kg

此器为铜质。扉棱是青铜器或瓷器上常见的一种装饰，一般为凸出的条状，将器物上连续的图案分割开来，后纯用于器物的装饰。

钲

钲（zhēng），击奏体鸣乐器，铜质。腔体似铃，有柄，无舌，柄上有穿孔或环纽。钲与铙（náo）、铎（duó）、錞（chún）于合称"四金"，《周礼·地官·鼓人》："鼓人掌教六鼓四金之音声。"

似铃悬垂体腔空

铜钲

东周

高26cm　口径8.7cm×8.9cm　重0.65kg

1975年湖北江陵雨台山楚墓群448号墓出土

此器腔内有4条窄高的音梁，自器口侧鼓处直通内底，通体素面。同出乐器有铜铎1件。

铙

铙（náo），击奏体鸣乐器，铜质。形似铃，有柄，无舌，口朝上，以撞木或钟锤击奏。《说文》："铙，小钲也。军法，卒长执铙。"汉代有铙歌，为军中乐歌。荆门包山2号楚墓出土一件铃属乐器，圆柄较长，首端箍状，墓中遣册称该器为"铙"。今常见碰奏体鸣乐器铜铙，为宋代出现。

疆场击鼓声声震

铜铙

战国中期
高27.2 cm
口径9.5cm×8.2cm
重1.1kg
1987年湖北荆门包山2号墓出土

铙的器表和内壁满饰浮雕变形龙纹。墓中遣策记载："一铙，缨组之绶。"

錞于

錞（chún）于，击奏体鸣乐器，铜质。多为椭圆筒形，宽肩束腰。肩上设平底盘，盘中常见虎钮，亦有少量作桥钮、兽形或双虎钮。錞于最早见于春秋，盛于战国、两汉，主要在军旅中用以号令士众。

悬奏錞于、铜鼓
云南晋宁石寨山出土
贮贝器器盖铜塑（局部）

通山錞于

春秋
高45.2cm
肩径32.6～34.3cm
口径23.3cm
1986年湖北通山太平庄出土

器身呈圆角方筒状。盘中设桥钮，顶部内圈饰蟠螭纹，下端外缘饰变形龙纹，胸部饰涡纹。

束腰平肩发号令

天籁

扁钟

扁钟，击奏体鸣乐器，铜质。形似甬钟，扁体薄胎，设四列枚。多为素面，亦见凤鸟纹、虎纹、几何纹饰等。多见于战国时期湘鄂西、川东等巴人聚居区，故又称"巴式钟"，常与钲（zhēng）、錞（chún）于同出。

虎头甬扁钟
战国
高30.2cm
口径14.2cm×8.2cm
重1.48kg
1981年湖北秭归天灯堡遗址出土

凤鸟翩翩和钟鸣

琴

琴，弹拨弦鸣乐器。木质髹（xiū）漆。体为长箱形，面板首尾设岳山，中间无柱，琴上张弦若干，琴下设雁足以固弦。考古发现，早期的琴体，音箱占比过半，底板分离，习称"半箱琴"。枣阳郭家庙86号墓出土的"旁晨"琴，属春秋早期，距今2700年左右。

"旁晨"琴
春秋早期
长91cm 宽20cm
2016年湖北枣阳郭家庙86号墓出土

此琴因墓主为"旁晨"而得名。

琴瑟渐幽风渐停

瑟

瑟，弹拨弦鸣乐器。木质髹（xiū）漆。体为长箱形，面板首尾设岳山，中间设柱，尾部设2至5枘，上张17至26弦，底板设"越"（huó，即出音孔）。春秋早期枣阳曹门湾1号墓瑟为目前所知最早。

瑟

战国中期
长106cm 宽42.8cm 厚12.8cm
1978年湖北荆门包山1号墓出土

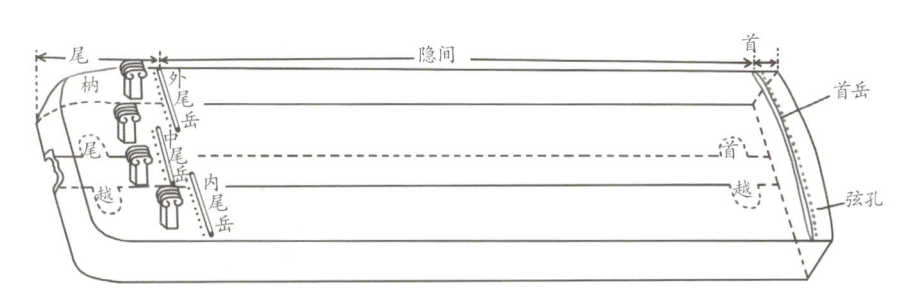

瑟瑟香尘瑟瑟泉

瑟各部位名称图

正律器

律,即精确规定的音高。正律器,是用于定律的仪器。古代分弦律和管律两种。弦律通称"准",基于按弦发音原理制作。管律通称"律管",基于气柱发音原理制作。两者在定律实践中配合使用,即用弦准计算和获取律高,用律管保存律高。

丝竹管弦随风声

曾侯乙彩漆五弦器

战国早期

长115cm 高4cm

1978年湖北随州县擂鼓墩1号墓

一般认为,彩漆五弦器名"均(yún)钟木",即先秦时期的"准",属于弦律,用于为曾侯乙编钟定律。

器身左半部绘夏后启上天得乐图,右半部画12只凤鸟,体现了古人对音乐起源的想象。

篪

篪（chí），边棱类气鸣乐器，竹质。两端封闭，管身吹孔、出音孔与五个指孔呈90°。演奏需掌心向内，双手执篪端平。曾侯乙墓共出土篪2件，为目前考古仅见。

鼓瑟竹管悠悠鸣

曾侯乙竹篪（chí）

战国早期
全长30.2cm
首端径1.7cm
尾部径1.54cm×1.6cm
尾端径1.65cm×1.62cm
壁厚约0.25cm
管首端填塞物厚0.3cm
1978年湖北随县擂鼓墩1号墓出土

竹篪为苦竹制成，通体髹（xiū）漆彩绘。出土时尚能奏出五声音阶。

天籁

金石之乐

金石之乐，是以青铜乐器与石制乐器为主的乐器组合，是礼乐制度的象征。目前所知最早的金石之乐的组合出自河南殷墟妇好墓，包含青铜编铙（náo）、石制编磬（qìng）等。战国早期的曾侯乙墓乐器组合，呈现了礼乐时代的盛景，预示着歌舞时代的到来。

金石之乐临春风

编钟（11 件）

战国中期

最大件，高26.2cm　钟长19.4cm　最长口径14.3cm　销长10.5cm
最小件，高14cm　钟长10.7cm　最长口径8cm　销长10.2cm
编钟架高89.9cm　长283cm
2002年湖北枣阳九连墩 2 号墓出土

编磬（qìng）

战国

磬架，高85.6cm　长229.6cm

磬架座（圆形），直径35cm

2002年湖北枣阳九连墩2号墓出土

小知识：八音

　　八音，乐器分类法，中国古代依材质把乐器分为八类的方法。《周礼·春官·大师》："皆播之以八音：金、石、土、革、丝、木、匏（páo）、竹。"《尚书·舜典》："八音克谐，无相夺伦，神人以和。"

金：钟、镈（bó）、铙（náo）、
　　钲（zhēng）、
　　錞（chún）于
石：磬
土：埙

革：鼓
丝：琴、瑟
木：柷（zhù）、敔（yǔ）
匏：笙
竹：箫、篪

生字词注音释义

顺序	生字词	释义
B	柲（bì）	1.兵器的柄；亦泛指器物的柄："戈柲六尺有六寸。" 2.弓檠，绑在弓里保护弓的竹片："弓矢之新沽功……有柲。" 3.刺。 4.偶。
	邲（bì）	古地名，在今河南荥阳东北。
	珌（bì）	刀鞘下端的装饰物。
	蔽（bì）	1.遮盖；挡住。 2.概括。
	箅（bì）	有空隙，起间隔作用的器具。
	笾（biān）	古代祭祀或宴会时用来盛果实、干肉的竹器。
	弁（biàn）	1.古代男子戴的一种帽子。 2.低级武职的旧称。 3.古又同姓卞的"卞"。
	镳（biāo）	1.马嚼子的两端露出嘴外的部分。 2.同"镖"。
	镈（bó）	1.古代锄一类农具。 2.古代乐器，形似大钟，青铜制成。
	餔（bū）	1.吃。 2.申时吃的饭食。 3.古通"晡"，申时，傍晚。
C	骖（cān）	古代指驾在车辕两旁的马。
	銙（chá）	《唐书·车服志》："景龙中，腰带垂头於下，名銙尾，取顺下之义。"《宋志》："銙尾，即今之鱼尾。"
	偁（chèng）	古同"称"。
	篪（chí）	古代的竹管乐器，像笛子，有把孔。
	椽（chuán）	椽子，承托屋面用的木构件。圆的叫椽，方的叫桷。
	钏（chuàn）	镯子，妇女戴在手腕上的装饰品。
	錞（chún）	1.古代一种铜制的军乐器，形如圆筒，上大下小，顶上多作虎形钮，可悬挂，常与鼓配合。 2.靠近。
	差（cuō）	以两手揉物或自相揉擦。

顺序	生字词	释义
D	鬏（dí）	鬏髻从宋代的特髻、冠子发展而来，是明代已婚妇女的主要首服，多用银丝、金丝或马尾、篾丝、头发等编成（也有用纸或织物做的），外面通常覆以黑纱，形似圆锥，罩住头顶的发髻。鬏髻上插戴有各式首饰，称为头面。
	敦（duì）	古代盛放黍稷的道具。
	铎（duó）	古代宣布政教法令或有战事时用的大铃。
	轛（duì）	车轼下面横直交接的栏木。
E	轭（è）	牛軛，牛拉东西时架在脖子上的短粗曲木
	胹（ér）	煮；煮烂。
	珥（ěr）	1.用珠子或玉石做的耳环。 2.太阳、月亮周围的光气圈。 3.插。一般指插在帽子上。
F	藩（fān）	1.篱笆。 2.起护卫作用的屏障。 3.古代称属国、属地。
	缶（fǒu）	1.古代一种大肚子小口的瓦器。 2.古代一种瓦质的打击乐器。
	拊（fǔ）	1.拍。 2.古又同"抚慰"的"抚"。
	弣（fǔ）	弓把中部。
	簠（fǔ）	簠是中国古代祭祀和宴飨时盛放黍、稷、粱、稻等饭食的方形器具。
	赙（fù）	拿财物帮助人办丧事。
G	陔（gāi）	1.靠近台阶下边的地方。 2.级；层。 3.田间的土埂。
	耇（gǒu）	年老；长寿。
	耈（gǒu）	老；寿。
	箍（gū）	1.用竹篾或金属条束紧；用带子或筒状物勒紧或套紧。 2.紧束器物的圈。
	毂（gǔ）	车轮中心的圆木，借指车。
	輨（guǎn）	包在车毂头上的金属套，亦称"軑"。
	盥（guàn）	1.洗（手、脸）。 2.洗手脸用的器皿。

顺序	生字词	释义
G	簋（guǐ）	古代盛食物的器具，圆口，两耳。
	衮（gǔn）	古代君王等的礼服。
	椁（guǒ）	古代套在棺材外面的大棺材。
H	盉（hé）	古代温酒的铜制器具，形状像壶，有三条腿，也有四条腿的。
	珩（héng）	古代佩玉上面的横玉，形状像古代的磬。
	鹕（hú）	古书上说的一种候鸟。
	璜（huáng）	古代一种玉器，半圆形。
	喙（huì）	1.鸟兽的嘴。 2.借指人的嘴。
	越（huó）	瑟底的小孔，即出音孔。
	镬（huò）	古代烹煮食物的大锅。
J	赍（jī）	1.怀着。 2.把东西送给别人。
	戟（jǐ）	1.古代兵器，在长柄的一端装有青铜或铁制成的枪尖，旁边附有月牙形锋刃。 2.刺激。
	垍（jì）	坚硬的土。
	跽（jì）	双膝着地，上身挺直。
	跏趺（jiā fū）	指佛教中修禅者的坐法。
	堇（jǐn）	古同"堇"。
	鸠（jiū）	1.鸟类。外形像鸽子。常见的有斑鸠，身体灰褐色，颈后有白或黄褐斑点。常成群吃谷物。 2.聚集。
	琚（jū）	1.古人佩戴的一种玉。 2.姓。
	雎（jū）	用于古人名，如范雎、唐雎，都是战国时人。
	蕝（jué）	1.古代朝会时表示位次的茅束。 2.标志。 3.古书上说的一种水草。 4.古代行泥路的用具。 5.一种拦水捕鱼的器具。
	瀄（jué）	瀄水，水名，在湖北。
	攫（jué）	1.用爪抓取。 2.掠夺。

顺序	生字词	释义
K	龛（kān）	供奉神像、佛像或神位的小阁子或石室。
	犺（kàng）	1.健壮的狗。 2.健壮。 3.刺猬。
	袴（kù）	从衣，从夸。"衣"指"被""覆"；"夸"为"跨"省。
	銙（kuǎ）	古代附于腰带上的装饰品，用金、银、铁、犀角等制成。
	圹（kuàng）	1.墓穴。 2.原野。
	夔（kuí）	1.传说中的山怪名。 2.古人名，尧舜时的乐官。
	媿（kuì）	惭愧。
	适（kuò）	1.迅疾。 2.用于人名。 3.姓氏。
L	罍（léi）	古代一种酒器，多用青铜或陶制成。口小，腹深，有圈足和盖儿。
	蠡（lǐ）	1.用于人名，范蠡，春秋时人。2.蠡县，地名，在河北。
	醴（lǐ）	1.甜酒。 2.甘甜的泉水。
	鬲（lì）	古代炊具，样子像鼎，足部中空。
	奁（lián）	古代妇女梳妆用的镜匣。
	鑗（líng）	一种盛酒器。
	旒（liú）	1.旗子上的飘带。 2.古代帝王礼帽前后的玉串。
	銮（luán）	1.车马上系的铃铛。2.皇帝的车驾，又用作帝王的代称。
M	芈（mǐ）	1.同"咩"。象声词。 2.春秋时楚国祖先的族姓。
	弭（mǐ）	平息；消灭。
	嫚（màn）	轻视；侮辱
N	铙（náo）	1.击乐器，铜制，圆形，中间隆起部分小，正中有孔，每副两片。常和大钹配合演奏，多用于吹打乐。2.古代击乐器，青铜制，似铃而大，无舌，有柄，举奏。

顺序	生字词	释义
P	蟠螭（pán chī）	蟠螭是龙属的蛇状神怪之物，是一种无角的早期龙，对蟠螭有两种说法，一种是指黄色的无角龙，另一种是指雌性的龙。
	蟠虺（pán huǐ）	青铜器纹饰的一种。以蟠曲的小蛇的形象，构成几何图形。盛行于春秋战国时期。
	鋬（pàn）	器物上用手提的部分。
	匏（páo）	匏瓜，一年生攀缘草本植物，葫芦的变种。果实老熟后对半剖开，可做瓢。
	帔（pèi）	古代披在肩背上的服饰，妇女用的帔绣着各种花纹。
	鈚（pī）	1.一种较宽较薄的箭头。 2.铁。 3.犁刃。
	毗（pí）	连接。（本义是脐带，引申为连接，又引申为依附，辅佐。后又引申为损伤，假借为佛名。）
	牝（pìn）	指雌性的鸟兽，跟"牡"相对。
	濮（pú）	濮水，古水名，今河南濮阳以濮水得名。
Q	玘（qǐ）	一种玉。
	膝（qǐ）	腿肚子。
	衾（qīn）	1.被子。 2.尸体入殓时盖尸体的东西。
	磬（qìng）	1.古代击乐器，用石或玉制成，形如曲尺，悬于架上，用木槌击奏。单一的叫特磬，成套的叫编磬。 2.寺庙中拜佛时敲打的钵形响器，用铜制成。
	銎（qióng）	斧子上安柄的孔。
	緅（qiū）	緅衣，音同秋衣，在古代是一种对襟袍服，具体用途不详，荆州博物馆馆藏的緅衣是迄今我国考古发现最早的对襟袍服，是一件冥器。
R	衽（rèn）	1.衣襟。 2.睡觉时用的席子。
	縟（rù）	烦琐、繁重。
	襦（rú）	1.短衣；短袄。 2.小孩的围嘴儿。

顺序	生字词	释义
S	钑（sà）	1.古代兵器，铁把小矛。 2.戟。 3.用金银在器物上嵌饰花纹。
	翣（shà）	1.古代仪仗中长柄的羽扇。 2.古代殡车棺旁的装饰。
	觞（shāng）	古代盛酒器。
	韘（shè）	古代射箭时戴在手上的扳指。
	鼫（shí）	古书上指鼫鼠一类的动物。亦称"大飞鼠"或"五技鼠"。《本草纲目》："鼯小居田，而鼫大居山也。"
	矢箙（shǐ fú）	亦作"矢服"。箭袋。
	豕（shǐ）	猪。
	殳（shū）	古代兵器，多用竹或木制成，有棱无刃。
	杸（shū）	古同"殳"，一种古兵器。
	飤（sì）	古同"饲"。
	笥（sì）	盛饭或盛衣物的方形竹器。
	蒐（sōu）	1.同"搜"。 2.即"茜草"。
	荪（sūn）	古书上说的一种香草。
	榫（sǔn）	制木竹等器物时，为使两块材料接合所特制的凸凹部分。凸出的叫榫头，凹下的叫榫眼。
T	炱（tái）	俗称烟子，火烟凝积成的黑灰。
	菼（tǎn）	古书上指初生的荻。
	饕餮（tāo tiè）	中国古代神话传说中的一种凶恶贪食的野兽，四大凶兽之一。古代鼎彝等铜器上面常用它的头部形状做装饰，叫作饕餮纹。
	鞀（táo）	"鼗"的异体字。
	鼗（táo）	拨浪鼓。
	绨（tì）	丝织物的一种。

顺序	生字词	释义
T	畋（tián）	1.平田；耕种。 2.打猎。
	鞓（tīng）	皮革制成的腰带。
	筩（tǒng）	1.同"筒"。 2.直，使（针身）如竹筒样圆直。 3.竹管。
	荼（tú）	1.古书上指一种苦菜。 2.古书上指一种茅草的白花。
	鼍（tuó）	扬子鳄。
W	軎（wèi）	古代车上的零件，青铜制，形如圆筒，套在车轴的两端。軎上有孔，用以纳辖。亦作"轊"。
	渥（wò）	1.沾湿。 2.浓厚；优厚。
X	郹（xī）	中国周代诸侯国名，故址在今河南省息县境。
	觿（xī）	古代用骨头制的解绳结的锥子。
	衔（xián）	1.马嚼子。 2.用嘴含。 3.怀在心里。 4.接受。 5.职务和级别的名号。
	韅（xiǎn）	古代驾车，套在马背上的皮带。
	絴（xiáng）	高。
	飨（xiǎng）	1.乡人相聚宴饮。 2.设盛宴款待宾客。 3.泛指请人享受。
	馐（xiū）	美味的食品。
	髹（xiū）	把漆涂在器物上。
	宿（xiù）	我国古代天文学家把天上某些星的集合体叫作宿。
	鑐（xū）	锁中的簧片。
	盨（xǔ）	古代盛食物的铜器，椭圆口，有盖，两耳，圈足或四足。
	埙（xūn）	古代陶制的吹奏乐器。
Y	筵（yán）	1.竹席。 2.指宴会。
	綖（yán）	1.古代覆盖在帽子上的一种装饰物。 2.古通"延"，延缓；松懈。
	甗（yǎn）	古代炊具，中部有箅（bì）子。

顺序	生字词	释义
	噎（yē）	1.食物堵住食管。 2.因为迎风、烟呛等而呼吸困难。3.说话顶撞人或使人窘没法接着说下去。
	鍱（yè）	1.薄铁片。2.用薄铁片包裹。
	匜（yí）	古代盥器，形如瓢，与盘合用，用匜倒水，以盘承接。
	彝（yí）	1.古代盛酒的器具，也泛指古代宗庙祭器。2.法度；常规。 3.彝族。
	軏（yǐ）	1.车衡上贯穿缰绳的大环。2.整车待发。
	弋（yì）	1.用带有绳子的箭射鸟。 2.用来射鸟的带有绳子的箭。 3.姓。
	嬴（yíng）	1.姓。秦始皇姓嬴名政。 2.获胜。 3.通"盈"，充满。
	郢（yǐng）	古地名。春秋时，楚文王建都于郢，故址在今湖北江陵西北纪南城。楚国都城屡有迁徙，凡迁至之地均称郢。
Y	媵（yìng）	1.古代贵族女子出嫁时陪嫁的人。 2.妾。
	鏞（yōng）	古同"鐘"，古代一种打击乐器。
	镛（yōng）	古乐器，即大钟。
	斿（yóu）	古同"游"，邀游，从容行走。
	卣（yǒu）	古代盛酒的器具，口小腹大。
	盂（yú）	盛液体的敞口器具。
	於𬙂（yū shì）	於𬙂是越王勾践的儿子。
	舆（yú）	1.车。 2.车上可以载人载物的部分。 3.指轿。 4.地。 5.众多；众人的。
	鱼攵（yú）	同"渔"，捕鱼。
	敔（yǔ）	古乐器，奏乐将终，击敔使演奏停止。
	圉（yǔ）	1.牢狱。 2.养马。 3.养马的地方。 4.边境。
	瑀（yǔ）	像玉的石头。
	鬻（yù）	卖。

顺序	生字词	释义
Y	瑗（yuàn）	孔大边小的璧。
	钺（yuè）	1.钺古代兵器。似斧而大，刃口呈弧形，长柄，金属制成，也有玉石做的。 2.多用于仪仗。
	均（yún）	指古代音乐术语，又为古代校正器音律的器具。
	溳（yún）	溳水，水名，在湖北北部。
Z	錾（zàn）	1.在金石上雕刻。 2.錾子，雕凿金石用的工具。
	帻（zé）	古代的一种头巾。
	甑（zèng）	1.古代炊具，底部有许多小孔，放在鬲（lì）上蒸食物。 2.甑子。 3.蒸馏或使物体分解用的器皿。
	钲（zhēng）	古乐器名，用铜制，形似钟而狭长，有柄可执，敲击发声，多用于行军中。
	炙（zhì）	1.烧烤。 2.烤熟的肉。 3.受熏陶；受教诲。 4.中药制法。把药材和液汁辅料同炒，使辅料渗入药材之内。
	璏（zhì）	玉制剑鼻。
	锺（zhōng）	1.盛酒的器具。亦指酒杯。 2.聚集、集中。
	辀（zhōu）	车辕。
	胄（zhòu）	1.头盔，古代作战时戴的保护头部的帽子。 2.后代子孙。
	柷（zhù）	古代乐器，木制，形状像方形的斗。
	馔（zhuàn）	饭食。
	斫（zhuó）	用刀斧砍。
	濯（zhuó）	1.洗。 2.清洗；除去。
	粢（zī）	古代供祭祀的谷物。
	俎（zǔ）	1.古代祭祀或宴会时用来盛放祭品或食品的器具。 2.切肉用的砧板。
	鐏（zūn）	1.戈柄下端的圆锥形金属套。 2.古同"樽"，古代的酒杯。 3.古书上说的一种农具。
	鈼（zuó）	1.釜。 2.甑。

忆华年主要文博类出版物

博典·博物馆笔记书

已出版——
《故宫里的海底精灵》
《故宫里的晴空白羽》
《故宫里的瑰丽珐琅》
《故宫里的温润君子》
《故宫里的金色时光》
《故宫里的琳琅烟云》
《故宫里的夜宴清歌》
《故宫里的阆苑魅影》
《故宫里的诗经墨韵》
《故宫里的洛神之恋》
《故宫里的金枝玉叶》
《故宫里的花语清风》
《故宫里的天子闲趣》
《故宫里的丽人雅趣》
《故宫里的童子妙趣》
《故宫里的禅定瑜伽》
《故宫里的花样冰嬉》
《故宫里的森林"萌"主》
《渔舟唱晚·墨霖山海》

待出版——
《故宫里的丹心爱犬》
《故宫里的绿鬓红颜》
《故宫里的顽皮宝贝》
《故宫里的十二生肖》
《故宫里的百态造像（动物）》
《故宫里的百态造像（人物）》

全国博物馆通识系列·一本博物馆

已出版——
《一本博物馆 南京博物院》
《一本博物馆 陕西历史博物馆》
《一本博物馆 湖北省博物馆》
《一本博物馆 湖南博物院》

待出版——
《一本博物馆 辽宁省博物馆》
《一本博物馆 大同市博物馆》
《一本博物馆 广东省博物馆》
《一本博物馆 成都博物馆》
《一本博物馆 安徽博物院》
《一本博物馆 山东博物馆》
《一本博物馆 重庆中国三峡博物馆》
《一本博物馆 中国（海南）南海博物馆》
《一本博物馆 广西壮族自治区博物馆》